本书出版得到

国家重点文物保护专项补助经费资助

浙南石棚墓调查发掘报告

浙江省文物考古研究所
温州市文物保护考古所　编著
瑞　安　市　文　物　馆

文物出版社

北京·2014

封面设计：隗　伟
责任印制：张道奇
责任编辑：王　媛　谷艳雪

图书在版编目（CIP）数据

浙南石棚墓调查发掘报告／浙江省文物考古研究所，温州
市文物保护考古所，瑞安市文物馆编著. — 北京：文物出版社，
2014.11

ISBN 978-7-5010-4099-5

Ⅰ.①浙…　Ⅱ.①浙…②温…③瑞…　Ⅲ.①墓葬（考
古）－发掘报告－浙江省　Ⅳ.①K878.85

中国版本图书馆CIP数据核字（2014）第222498号

浙南石棚墓调查发掘报告

浙江省文物考古研究所
温州市文物保护考古所　编著
瑞 安 市 文 物 馆

*

文 物 出 版 社 出 版 发 行
北京东直门内北小街2号楼
http://www.wenwu.com
E-mail: web@wenwu.com

北京鹏润伟业印刷有限公司印刷
新 华 书 店 经 销
889×1194　1/16　印张：16
2014年11月第1版　2014年11月第1次印刷
ISBN 978-7-5010-4099-5　定价：260.00元

Report on the Surveys and Excavations of Stone Shelter Tombs in Southern Zhejiang

(with an English abstract)

Zhejiang Provincial Institute of Cultural Relics and Archaeology
Wenzhou City Institute of Cultural Heritage Preservation
Rui'an City Institute of Cultural Relics

Cultural Relics Press
Beijing · 2014

目　录

插图目录

彩版目录

前　言

　　石棚墓是一种巨石构筑而成的墓葬遗存，它下部用石板、石条或石块支撑，上部盖以巨大石块，形成地上墓室。这种墓葬除了内部的墓室之外，主要有两大部分组成，一是支石，二是盖石。支石是盖石下面作为室壁支撑盖石的石头，这种石头有的每壁均是一块巨大的石板，有的每壁是多块竖立的长方石或长条石，有的则是一些大小不等的低矮块石。盖石是墓室的顶石，都是整块巨石，有板状、扁平状和团块状等。尽管由于下部支石使用上的不一而使各地或同地石棚墓在具体的形制结构上有所差异，但用独块大型巨石来盖顶则是这种墓葬的共同特点。由石板或多块长方石与长条石支撑盖石的石棚墓，其空间一般显得比较高大，形状确实像石棚，而由低矮块石支撑盖石的石棚墓，其空间均显得低矮，形状并不像石棚，有的似桌子，有的如棋盘，不过还是统称为石棚墓。

　　石棚墓广泛分布于世界上许多国家和地区，目前所知在地中海沿岸的西班牙、葡萄牙，欧洲西部和北部的法国、英国、德国、丹麦、瑞典、俄罗斯，非洲北部的阿尔及利亚，亚洲西部、南部和东南部的伊朗、约旦、印度、老挝、越南、印度尼西亚，亚洲东北部的中国、朝鲜、韩国、日本，大洋洲的玻利尼西亚，南美洲的哥伦比亚等地都有石棚墓遗存发现。特别是与我国隔海相邻的韩国、朝鲜和日本，都有大量石棚墓存在，尤以韩国南部分布最多，已达3万多座，数量惊人，是东北亚石棚墓分布最为密集的地方。我国的石棚墓主要分布于南北两地，北方是东北地区的辽宁与吉林，南方是浙江，其中以东北地区分布数量为多，是我国石棚墓的主要分布区域。世界各地的这类用巨石构筑的墓葬，因时间和地区的不同，形制上不尽相同，称呼上也不一致，欧洲称之为"多尔门"（dolmen），韩国、朝鲜和日本称之为支石墓，我国称之为石棚墓，浙南民间还称之为抬石墓。

　　浙江是目前已知我国南方地区唯一的石棚墓分布点，主要分布在浙江南部的沿海地区，数量较少。最早发现于1956年，当年在瑞安市的莘塍镇岱石山首先发现石棚墓2座，并作了相关报道，二三千年前留存于浙南沿海地区的这种特殊遗存开始为世人关注。在此后的文物普查和考古调查中，又陆续在其他地方发现一批石棚墓遗存。迄今，发现石棚墓遗存的地点有瑞安市境内的莘塍镇岱石山、马屿镇棋盘山、塘下镇杨梅山和草儿山、平阳县境内的钱仓镇龙山头、苍南县境内的钱库镇桐桥和仙居县境内的安洲街道岩石殿等地。

　　浙南石棚墓的年代在商至春秋时期，是浙江地区与土墩墓和石室土墩墓基本同时期共存的另一种特殊墓葬形制，它的存在对于研究了解商周时期浙江地区的墓葬形制和埋葬习俗具有重要意义。石棚墓独立分布于浙南沿海地区，承载了浙南沿海地区商周时期人类活动印迹及相应的文化特征，是研究浙南沿海地区商周时期的社会性质、经济状况和文化面貌的重要材料。浙南石棚墓虽然发现数量不多，保存状况也普遍较差，但却是目前已知的我国南方地区唯一的，它的发现扩展了我国石棚墓的分布地域，有着其独特的重要地位与学术意义。同时它又是世界性巨石类文化遗存的重要组成部分，在形制结构上与我国东北地区石棚墓以及其他许多国家和地区的巨石类文化遗存相近或相似，特别是与韩国南部支石墓更为接近，由此也越来越受到韩国、日本等国外学者的关注和重视。因此，浙南石棚墓的发现促进了世界性巨石类文化遗存的研究，特别是它作为东北亚地区这类巨石遗存的重要一部分，在整个东北亚地区支石墓中也具有比较重要的地位，对于推进东北亚地区支石墓的整体研究意义重大。

　　浙南已发现的石棚墓，除瑞安岱石山石棚墓已经过发掘之外，其他均未经科学发掘，属调查材料。这些调查和发掘资料，虽都经过不同形式的报道，但都分散发表在各种刊物上。为了方便国内外学者对浙南石棚墓的了解与研究，促进对浙南石棚墓的深入研究，我们现将历年来浙南各地已调查发现的所有石棚墓遗存，以及1993年瑞安岱石山石棚墓的发掘资料，集中汇集一起，编写成此调查发掘报告。

第一章　浙南石棚墓调查

第一节　调查和发现概况

浙南石棚墓最早于 1956 年发现于瑞安市岱石山，当时浙江省文管会的考古工作人员在位于瑞安市莘塍区汀田乡的岱石山东坡上，调查发现石棚墓 2 座，发现时西边一座已倒塌，东边一座比较完整，材料发表在《浙江新石器时代文物图录》[1]上，但此两座石棚墓后来在"文革"期间被彻底破坏，早已无存。此后，在 1983 年开始的全省文物普查工作中，瑞安市的文物干部又陆续在岱石山的西山脊上发现 26 座石棚墓，并进行了比较详细的编号登记和记录，还绘制了平面分布示意图，使岱石山石棚墓分布数量大为增加。这些石棚墓发现时有一部分保存较好，但后来相继遭到严重破坏。同年，他们还在当时的瑞安市马屿区皇屿乡石垟村的棋盘山东、西两个山岗上发现石棚墓 2 座，由此增加了瑞安石棚墓的分布地点。据村民反映，棋盘山东、西两个山岗上原先各有 2 座石棚墓，由于破坏较多，当时调查时只确认保存较好的 2 座，东、西山岗上各 1 座。但实际上在 1993 年的调查中，东山岗上也还可确认原先有 2 座石棚，只是有一座破坏严重，位于保存较好的"墓 1 东南约 6 米的坡下，盖石已破坏无存，仅剩有几块支石，可能形制较小"[2]。而西山岗上至今还明确保存 2 座石棚遗迹，只是有一座破坏也较多，但还有一部分盖石和支石残存，石棚遗迹明确。1989 年，瑞安市文物馆又在瑞安市塘下区凤山乡杨梅山山坡上，发现石棚墓 1 座，只是发现时毁坏已比较严重。至此，瑞安石棚墓的分布地点已有三处，数量达 33 座。鉴于以上这些石棚墓的重要发现，瑞安文物馆的俞天舒先生撰写《瑞安石棚墓初探》一文，先后发表于《温州文物》和《东南文化》[3]，对瑞安石棚墓的重要发现进行了报道和研究，由此浙南石棚墓开始引起学术界的关注和重视。但真正对浙南石棚遗存进行深入的了解和研究探索，则是 1993 年对岱石山石棚墓进行全面科学发掘以后的事情。1993 年，经国家文物局批准，由浙江省文物考古研究所主持，在温州市文物管理处共同参与下，对濒临被彻底破坏的瑞安岱石山数十座石棚墓进行了全面的抢救性发掘清理，并在发掘过程中，又在岱石山新发现 8 座石棚墓遗迹。此次发掘材料和相关研究成果发表在浙江省文物考古研究所 1997 年的学刊上[4]。1994 年，在完成

［1］浙江省文物管理委员会、浙江博物馆：《浙江新石器时代文物图录》，浙江人民出版社，1958 年。
［2］安志敏：《浙江瑞安、东阳支石墓的调查》，《考古》1995 年第 7 期。
［3］俞天舒：《瑞安石棚墓初探》，《东南文化》1994 年第 5 期。
［4］浙江省文物考古研究所：《瑞安岱石山"石棚墓"和大石盖墓发掘报告》，《浙江省文物考古研究所学刊》，长征出版社，1997 年。

了岱石山发掘材料的整理工作之后，浙江省文物考古研究所、温州市文物管理处，平阳县文物馆联合在平阳县境内进行了石棚墓专题调查。在这次调查中，于平阳县钱仓镇垂杨村荆山（后称龙山头）上发现石棚墓 2 座，经对其中一座石棚盖石下尚存空间进行小范围的简单试掘清理，出土有一些陶器残碎片，这两座石棚墓得以明确认定[1]。这次调查发现确认了与瑞安相邻的平阳县境内也有石棚墓分布的事实，拓展了我们对浙南石棚墓分布的认识视野。参加本次调查的有浙江省文物考古研究所的黎毓馨和陈元甫、温州市文物管理处的金柏东、平阳县文物馆的蔡昌振和叶立钢。

1997 年，与平阳县相邻的苍南县文物馆的文物干部，也在该县的钱库镇桐桥村发现石棚墓遗存 7 座，并告知了省文物考古研究所。2000 年 4 月，省文物考古研究所陈元甫和田正标二人前往苍南，会同温州市文物管理处和苍南县文物馆，对桐桥石棚墓进行了调查与记录，随后发表了《浙江苍南县桐桥石棚墓调查简报》[2]。参加此次调查工作的除省文物考古研究所陈元甫和田正标外，还有温州市文物管理处的王同军，苍南县文物馆的郑元鸿、吴庆胜等全体业务人员。苍南桐桥石棚墓的发现，使浙南石棚墓的分布地区进一步的扩大。

此后几年，虽也进行过一些野外调查工作，但一直没有新的石棚墓发现。直至 2008 年，在全国开展的第三次文物普查工作中，台州地区仙居县的文物干部，在县城西郊的安洲街道西门村岩石殿发现了石棚墓遗迹 5 座[3]。省文物考古研究所的陈元甫、田正标等多次前往现场查看。这是首次在温州地区之外发现石棚墓，表明浙南石棚墓不仅存在于温州地区境内，紧邻温州地区北边的台州地区，也是浙南石棚墓的分布区域。

2012 年，由于编写报告的需要，省文物考古研究所的陈元甫和瑞安市文物馆的蔡永烈与万锡春，在去现场复查瑞安塘下镇杨梅山石棚墓过程中，根据热心群众提供的线索，又在杨梅山南面附近的草儿山发现石棚墓 3 座[4]，这是浙南地区发现的最新石棚墓材料。

迄今为止，浙南地区已先后发现石棚墓遗存的有七个地点，它们是：瑞安市的岱石山、棋盘山、杨梅山和草儿山，平阳县的龙山头，苍南县的桐桥，仙居县的岩石殿（图一）。先后共发现石棚墓 58 座，其中瑞安市的岱石山 36 座、棋盘山 4 座、杨梅山 1 座、草儿山 3 座，平阳县的龙山头 2 座，苍南县的桐桥 7 座，仙居县的岩石殿 5 座。其中发现后已被彻底破坏、遗迹无存的石棚墓，岱石山有 9 座，棋盘山东山岗有 1 座。另外，瑞安岱石山除彻底被破坏的 9 座石棚墓之外，其余 27 座石棚墓已经过发掘清理，发掘清理后的遗迹仍保留于现场。至今留存的未经发掘清理的石棚墓为 21 座。（表一）

从迄今发现情况看，石棚墓只分布在温州和台州地区境内，这两个地区均位于浙江南部沿海，两者南北接壤，均滨临东海。从已调查发现的地点和数量而言，石棚墓主要分布在温州地区的瑞安、平阳和苍南，其中以瑞安市境内发现最多，岱石山是石棚墓最为集中的分布

[1] 陈元甫：《浙江"石棚"遗存的初步研究》，《浙江省文物考古研究所学刊》，长征出版社，1997 年。

[2] 浙江省文物考古研究所、温州市文物处、苍南县文物馆：《浙江苍南县桐桥石棚墓调查简报》，《东方文明之韵——吴文化国际学术研讨会论文集》，岭南美术出版社，2000 年。

[3] 仙居县调查资料。

[4] 浙江省文物考古研究所与瑞安市文物馆调查资料。

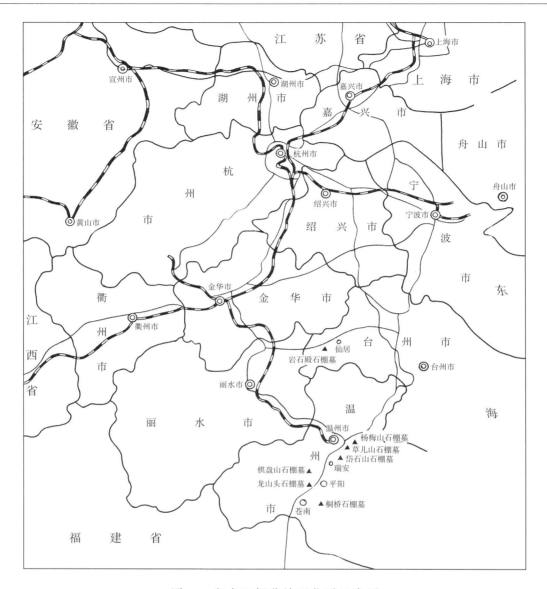

图一　浙南石棚墓地理位置示意图

点，这里先后发现的石棚墓共达 36 座，是一处分布密集的石棚墓群。台州地区有石棚墓发现的地方目前只有仙居县岩石殿一处。

从浙南石棚墓的保存状况看，20 世纪 50 年代发现时保存还较好，如 1956 年在岱石山东山脊上发现的两座石棚，虽西面一座已倒塌，但东面一座保存基本完整，石棚尚未倒塌，盖石还架在支石之上，盖石下可见墓室空间，整体形状与结构显得比较完整和清晰。20 世纪 80 年代初发现的一批石棚墓，发现时保存状况也较好，虽多有倒塌现象，但人为破坏还比较少，特别是盖石多有保存，尽管多已塌落在地，或遭一定破坏，但遗迹显得还比较完整。但 20 世纪 80 年代后期开始，这些石棚墓遗存大多遭到人为破坏，破坏原因主要是当地村民利用石棚墓上的石块去修建规模巨大的现代坟墓。如分布密集的瑞安岱石山西山脊上的数十座石棚墓，1983 年发现时虽已大多倒塌并遭一定程度的破坏，但总体保存尚可，特别是盖石均有保存或

表一　浙南石棚墓分布一览表

序号	名称	地点	数量	现状	备注
1	瑞安岱石山石棚墓	瑞安市莘塍镇下山根村村后岱石山（凤凰山）山脊上	36	调查发现后有9座被彻底破坏，其余27座已经发掘，发掘前破坏也都很严重，发掘后遗迹原地保护	有3座为盖式石棚墓
2	瑞安棋盘山石棚墓	瑞安市马屿镇石垟村村后棋盘山东、西山岗上	4	东山岗M1盖石保存，但已倒塌；另一座已被破坏。西山岗M2保存较好，盖石尚存，未完全倒塌；M3破坏严重	
3	瑞安杨梅山石棚墓	瑞安市塘下镇沙渎村村北杨梅山山脊上	1	盖石已被破坏殆尽	盖石式石棚墓
4	瑞安草儿山石棚墓	瑞安市塘下镇沙渎村西南面草儿山山岗东头	3	盖石均保存	均系盖石式石棚墓
5	平阳龙山头石棚墓	平阳县钱仓镇垂杨村村后龙山头山脊上	2	盖石保存，但均已倒塌	
6	苍南桐桥石棚墓	苍南县钱库镇桐桥村村西山麓平地	7	M1、M2盖石被破坏，仅存支石；M3、M5、M6、M7保存部分盖石；M4已被彻底破坏	有4座可能为盖式石棚墓
7	仙居岩石殿石棚墓	仙居县安洲街道西门村岩石殿平地	5	南处M1盖石破坏，保存两块支石；北处M2~M5部分有盖石保存	北处4座可能为盖石式石棚墓
合计			58		

部分保存，但至 1993 年发掘时，部分石棚墓已被彻底破坏，无一点遗迹残留，更多的石棚墓则也几被破坏殆尽，留下的不过部分壁石残迹而已，盖石则除极少量因石质不佳得以幸存外，已荡然无存，幸存的盖石往往也局部被敲砸损毁，已显得残破不堪。

第二节　瑞安市石棚墓

　　瑞安市位于温州市之南，平阳县之北。地形属浙南中山区和沿海丘陵平原区交叉地区，地势西高东低，大体可分三个区域：西部山区，雁荡山支脉自西向东伸展，群山绵亘，峰峦起伏，山地宽广，金子山为全市最高峰；市南北两侧半山区，低山环抱，中间地势低洼，飞云江曲折东流，形成沙性冲积平原；东部沿海平原，地势平坦，河网交错，是温瑞平原主要组成部分。主要河流是飞云江，流经县南部注入东海。

　　瑞安市发现石棚墓的地点有岱石山、棋盘山、杨梅山和草儿山四处。（图二）

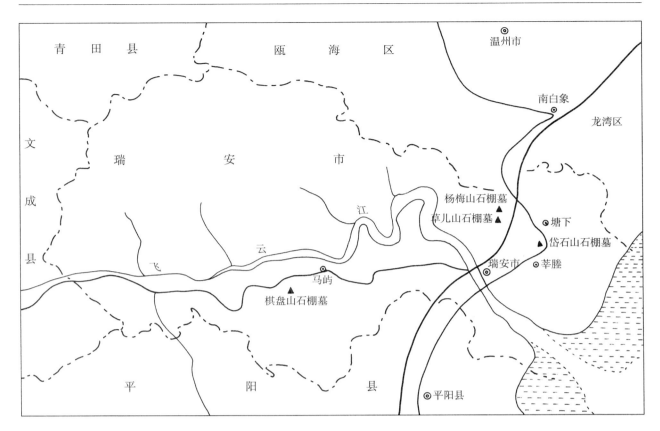

图二 瑞安岱石山、棋盘山、杨梅山、草儿山石棚墓地理位置示意图

一 岱石山石棚墓

岱石山位于莘塍镇与汀田镇的交界处，在瑞安市区东北方约 5 千米处，南坡属莘塍镇，北坡属汀田镇（彩版一）。岱石山是一座不高的小山，海拔高度仅 92.5 米，基本呈东西走向，山势比较平缓，植被较好。其背倚高山、面向平原，山之东、南、北三面是广阔的飞云江冲积平原，平原上有温（州）瑞（安）水上交通干线，东面平原的尽头即是东海海滨；山之西面则是众多高山，群山绵延起伏，层峦叠嶂，海拔高度均在数百米，其中岱石山与狮子山相连接，实际上是狮子山向东面伸展的一条小山脊。104 国道温（州）瑞（安）段由北向南紧挨岱石山东侧山脚经过，再稍向东则有温（州）瑞（安）塘河水上通道。山南有莘塍镇下山根村（20 世纪 80 年代属莘塍区董田乡下山根村），山北有汀田镇凤岙村（20 世纪 80 年代属莘塍区董田乡下山根村）。

由于岱石山上分布有众多石棚墓，石棚墓当地民间称之为"抬石墓"，因此，"岱石山"可能是"抬石山"的谐音。又因山巅南北两侧分别有一条短矮陡峭的小山脊各自向南北方向伸展，使岱石山的俯视形状犹如一只展翅飞翔的凤凰，故岱石山也有"凤凰山"之称。由于山上植被较好，又紧邻村庄，因此，在比较平缓的山脊和山顶上，六七十年代曾被村民开垦种粮。

岱石山石棚墓最早发现于 1956 年，当年浙江省文管会首先在岱石山山顶以东的东坡上

1. 北—南

2. 南—北

3. 西—东

图三　1956年发现瑞安岱石山东坡东边一座石棚墓

发现石棚墓2座(图三),当地村民称其为"仙人棋盘"或"棋盘岩"。此重要发现在1958年出版的《浙江新石器时代文物图录》一书中有过报道,报道称:

在瑞安东北地区三千米的岱石山上发现石棚建筑两处。岱石山高约60米,西面与丛山相连,三面平原,往东接近东海海滨。西边一座石棚已经倒塌,东面一座石棚保存完整。它的建筑结构是上覆一块长方形的巨石,石长2.7米,宽2.1米,厚0.48~0.56米。四角各用一块不规则的石条作柱,北边用三块大石围成围墙,围石间的空隙用砾石填塞,围墙与石棚盖不相连接,留有空隙。南边无遮石,只用砾石围了一圈。石棚室内高0.75米,室内地面较室外地面低0.47米,里面有几何印纹硬陶片的堆积层。在石棚附近采有石锛一件,残石环一件,和一些方格纹陶片。因石棚室内的文化堆积层未经正式发掘,对其文化性质尚不够了解。[1]

根据该书描述和刊发的图片,东边的一座石棚墓当时保存是比较好的,石棚墓上没有封土覆盖,石棚墓室完全裸露在山体上,盖石尚架在四角支石上,没有倒塌,有一定高度的室内空间。遗憾的是,这两座石棚墓后来被附近村民开岩取石时彻底破坏,至1983年文物普查时已不存在。

在1983年开展的文物普查中,瑞安市文物馆在岱石山西山脊上新发现石棚墓26座(图四~一一),当年的普查资料《浙江省文物遗址调查(复查)登记表——岱石山抬石墓群》[2],对当时调查发现情况有如下记录:

在1983年这次文物普查中,我们在该

[1]浙江省文物管理委员会、浙江博物馆:《浙江新石器时代文物图录》,浙江人民出版社,1958年。
[2]瑞安市文物馆藏1983年文物普查资料:《浙江省文物遗址调查(复查)登记表——岱石山抬石墓群》。

山的南至西南面的半山腰至山坪一带，发现散布着不少印纹泥质与硬陶及原始青瓷器的碎片，以及少量磨制石器残件。散布范围，左右约有 200 米（原用公尺。编者注），上下约有 50 至 60 米（原用公尺）。

同时，在山脊和山坪上，发现了抬石墓群，我们曾试探性对其中一座作了挖掘，从表土下 0.3 米深处出土一件瓷罐，在瓷罐下面，铺有一层鹅卵石。我们根据胎、釉、质地、器形与纹饰，叫它为原始黑瓷印纹折腹罐。根据我们鉴定，其时代约属于西周早期或晚商。

经过多次调查，发现的抬石墓，除被破坏无痕迹者外，一共计二十六座，从保存较好的墓葬观察，其构造情况，大致相同。即先在四角设置较大的岩石，然后覆盖一块略为扁平的巨岩，但其左右与后壁也填塞有石块和泥土。空其中。

这二十六座墓葬，都分布在山脊和山坪上，这个范围，东西约 400 米（原用公尺），左右约 80 米（原用公尺）。山坪最高处，是下述第三组墓葬的坐落处。现按照其分布现状，以从西到东为次序，约可分四组。第一组七座，M1~M5 与 M25、M26，第二组五座，M6~M10，第三组九座，M11~M19，第四组五座，M20~M24。

现将二十六座抬石墓，分别叙述如下：

M1：比较完整，盖石扁平，大致呈三角，最大长宽 2.1×1.8 米，厚约 0.5 米。从外表观察，大概未挖掘过。

M2：已塌毁，盖石平坍在地面，形制不规则，最大长宽 2.1×2.3 米，厚约 0.5 米。挖掘痕迹不甚明显。

M3：已塌毁，盖石微斜靠在山坡，形状不规则，已被开掉部分，残存长宽 3.4×1.7

1. 瑞岱 M1　　　　　　　　　　　　　　　2. 瑞岱 M1

图四　1983 年发现瑞安岱石山西山脊石棚墓（一）

1. 瑞岱 M2

2. 瑞岱 M2

3. 瑞岱 M3

4. 瑞岱 M3

5. 瑞岱 M3

6. 瑞岱 M4

图五　　1983 年发现瑞安岱石山西山脊石棚墓（二）

米，厚约 0.8 米，墓底可能被挖掘过。

M4：已塌毁，盖石微斜靠在山坡，形状不规则，残存长宽 1.6×1.1 米，厚约 0.4 米。墓底可能挖掘过。

M5：已塌毁，盖面平状，形状不规则，已残，残存最大长宽 1.8×1.9 米，厚约 0.7 米。墓底可能挖掘过。

M6：比较完整，盖石面较平滑，但形状不大规则，最大长宽 2.8×2.4 米，厚约 0.5 米。四周垫石基本未遭破坏，岩下空隙明显。

M7：比较完整，盖石面较平，形状不规则，最大长宽 3.5×2.2 米，最大厚度约 0.7 米。

M8：比较完整，盖石扁平，但后端已被开掉部分，残存长宽 2.6×2 米，厚约 0.7 米。

M9：已塌毁，盖石已残，不规则，现最大长宽 3×2 米，厚约 0.4 米。

M10：已塌毁，盖石斜靠在山坡上，形状较扁平，现最大长宽 2.3×2.1 米。

1. 瑞岱 M5

2. 瑞岱 M5

3. 瑞岱 M6

4. 瑞岱 M6

图六　1983 年发现瑞安岱石山西山脊石棚墓（三）

M11：已塌毁，盖石表面较平滑，形状不规则，已残，残存长宽 2×1.6 米，厚约 0.6 米。

M12：已塌毁，盖石较扁平，呈长条形，最大长宽 3.5×1.7 米，厚约 0.6 米。

M13：已塌毁，盖石扁平，形状不规则，已残，残存长宽 2×1.6 米，厚约 0.5 米。

M14：已塌毁，盖石平厚，略呈方形，残存最大长宽 2.1×2 米，厚约 0.7 米。

M15：已塌毁，盖石呈条形，已残，残存长宽 2.8×1.3 米，厚约 0.5 米。

M16：较完整，盖石扁平，最大长宽 1.85×2 米，厚约 0.6 米。

M17：已塌毁，盖石形不规则，残存长宽 2.3×1.6 米，厚约 0.5 米。墓底可能已被挖掘过。

M18：已塌毁，盖石形状不规则，残存长宽 1.1×1 米，厚约 0.5 米。墓底可能已被挖掘过。

M19：比较完整，盖石形状扁平，较规则，最大长宽 2.4×2.5 米，厚约 0.4 米。

1. 瑞岱 M7

2. 瑞岱 M7

3. 瑞岱 M8

4. 瑞岱 M9

图七　1983 年发现瑞安岱石山西山脊石棚墓（四）

1. 瑞岱 M10

2. 瑞岱 M11

3. 瑞岱 M12

4. 瑞岱 M12

5. 瑞岱 M13

6. 瑞岱 M14

图八　1983年发现瑞安岱石山西山脊石棚墓（五）

1. 瑞岱 M15

2. 瑞岱 M16

3. 瑞岱 M17

4. 瑞岱 M18

5. 瑞岱 M19

6. 瑞岱 M20

图九　1983 年发现瑞安岱石山西山脊石棚墓（六）

1. 瑞岱 M21

2. 瑞岱 M22

3. 瑞岱 M23

4. 瑞岱 M24

图一〇　1983年发现瑞安岱石山西山脊石棚墓（七）

　　M20：已塌毁，盖石扁平，残存长宽 2.2×1.8 米，厚约 0.7 米。

　　M21：已塌毁，盖石表面较平滑，形呈长条形，残存长宽 2.8×1.7 米，厚约 0.85 米。

　　M22：已塌毁，盖石已被开掉，残存部分不大，但甚厚。此外，墓地现尚存二块垫石。

　　M23：已塌毁，盖石已残，现状略呈三角形，现最大长宽 2.5×2 米，中部厚突，约 0.6 米。

　　M24：已塌毁，盖石斜靠在山坡，现状呈三角形，表面较平，现最大长宽 2.5×2 米。

　　M25：已塌毁，盖石较平，但已残，残存长宽 1.8×1.5 米，厚约 0.5 米，墓底可能已被挖掘过。

　　M26：已塌毁，盖石平坍在地面，石已残，形呈扁平，较规则，最大长宽 2.6×2 米，厚约 0.7 米。

1. 瑞岱 M25　　　　　　　　　　　　　　　2. 瑞岱 M26

图一一　1983 年发现瑞安岱石山西山脊石棚墓（八）

　　从上述调查记录和保存的照片资料上我们可以看到，1983 年在岱石山西山脊上发现的这二十六座石棚墓葬，与 1956 年在东面山脊上发现的两座石棚墓一样，完全暴露在地面上，墓上并无封土覆盖，盖石均保存或部分保存。但结构和盖石均有不同程度的自然或人为的毁坏，特别是盖石大多遭敲砸破坏，已不完整。石棚墓也多已倒塌，比较完整的为数不多，保存完整无损的几乎没有，其中仅 M4、M6、M7、M8、M13、M16 和 M19 七座保存比较完整，余都已坍倒。调查记录认为："从保存较好的墓葬观察，其构造情况，大致相同。即先在四角设置较大的岩石，然后覆盖一块略为扁平的巨岩，但其左右与后壁也填塞有石块和泥土。空其中。"俞天舒先生在 1994 年发表的文章中则分析认为："这比较完整的七座，虽规模略有大小而其构筑情况基本一样，但与南坡的墓却有较大不同。今以 M6 为例，表述如下：盖石略呈长方形，最大长宽为 2.8×2.4 米，厚 0.5 米。不用石条作支石（撑柱）承支盖石，而是在墓室的三面（左、右、后）用较小的块石垒成墙体来承架盖石。墙体高约 0.8~0.9 米。石棚墓室内空间低矮、狭小，高仅约 0.3 米，不能构成室状。盖石架得成水平状。"[1]

　　以上这批于 1983 年在岱石山西山脊上发现的石棚墓，1993 年由浙江省文物考古研究所和温州市文物管理处进行了全面的抢救性发掘清理，但发掘时，石棚墓都已被破坏的相当严重。

　　根据原始调查登记表，当年在该山的南至西南面的半山腰至山坪一带，曾发现散布着不少印纹陶与原始青瓷器的碎片以及少量磨制石器残件。这些散布在地面上的器物残碎片，也有可能是石棚被扰乱破坏后的遗物。调查时，还试掘了一座石棚墓，"从表土下 0.3 米深处出土一件瓷罐，在瓷罐下面，铺有一层鹅卵石。我们根据胎、釉、质地、器形与纹饰，叫它为原始黑瓷印纹折腹罐"（实际为原始瓷折腹尊——编者注）。瑞安市文物馆的俞天舒先生在《瑞安石棚墓初探》一文中曾作了报道，只是没有具体说明出自几号石棚墓。同时报道的

[1] 俞天舒：《瑞安石棚墓初探》，《东南文化》1994 年第 5 期。

还有其他 4 件在岱石山石棚墓地调查采集的遗物，其中 2 件系原始瓷，器形有筒腹罐和碗，2 件为着黑硬陶，器形均是筒腹罐。这 5 件器物具体情况如下：

原始瓷尊　1 件。石棚墓内试掘出土。口沿部分残缺，修复。大敞口，宽沿，斜颈，折腹斜收，平底。胎骨灰白色，质地略显粗糙，器表有不少砂粒。口沿至上腹部，烧结程度良好，胎骨致密坚硬；下腹至底部，烧结程度较差，底部有半侧生烧，胎骨松软。除外底，器物内外均施满釉，釉层厚薄不匀，局部有脱釉现象。釉色较深，青中泛黄，聚釉处色深近褐色，光泽感很强。肩和腹部均拍印折线纹，纹饰粗率，深浅不一，宽沿上施有七道很不平行的粗凹弦纹，折腹上侧也有两道粗弦纹。泥条盘筑法成型，制作不很规整。左右两肩高矮相差明显，在折腹、圈底等部位留有手指捺抹的痕迹。高 10、口径 17.8、腹径 18.5、底径 9.6 厘米。（图一二，1；彩版二，1）

原始瓷筒腹罐　1 件，完整。墓地调查采集。直口微敞，折肩，筒形深直腹，平底。器形不甚规整，向一边倾斜。胎骨坚硬，胎色浅灰。除外底部，其余内外施釉。外壁施釉不及底，釉层较厚而不匀，有凝釉、挂釉和脱釉现象。釉色较深，青釉偏黄，釉厚处近酱褐色。肩部饰斜向篦点纹。手制泥条盘筑成型。高 17.5、口径 11.2、腹径 14.2、底径 10 厘米。（图一二，2；彩版二，2）

原始瓷碗　1 件，残，可复原。墓地调查采集。直口微敞，圆唇，直腹甚浅，矮圈足。胎骨坚硬，质地较粗，色灰白。内外施釉，釉色灰褐，釉层剥蚀严重。器形不甚规整，经慢轮修整。口沿有一周浅凹槽。高 3.8、口径 10.4、足径 5 厘米。

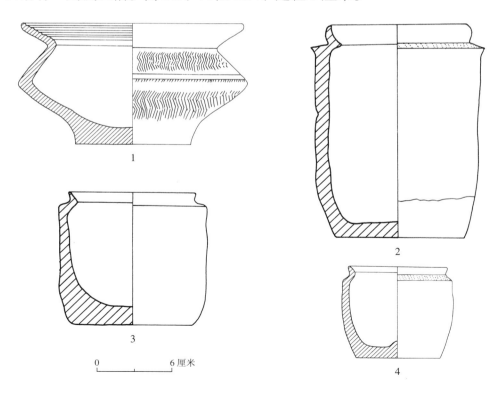

图一二　瑞安岱石山石棚墓调查采集遗物

1. 原始瓷尊　2. 原始瓷筒腹罐　3、4. 硬陶筒腹罐

硬陶筒腹罐　2件，均完整。墓地调查采集。直口微敞，折肩，腹部较直似筒形，平底。胎骨坚硬，火候高，色青灰。内外器表有一层极薄的黑色涂层，附着力极强，但色泽干燥，未发光亮，属着黑陶。手制泥条盘筑成型，表面凹凸不平，器形不甚规整。一件底部生烧呈黄色，质松软，高11、口径10、腹径12、底径10厘米（图一二，3；彩版二，3）。一件颈肩部饰斜向篦点纹，高7.8、口径8、腹径9、底径6.8厘米。（图一二，4；彩版二，4）

二　棋盘山石棚墓

棋盘山石棚墓也是在1983年开始进行的文物普查中发现。

棋盘山也称石垟山，地处瑞安市马屿镇辖处的西南部，位于江桥、石桥、石垟三个村的结合处，归属三村管理，位置在北纬27°46′，东经120°26′，东距瑞安市区约18千米。山势大体呈东西走向，最高处海拔约112.9米。其西北面群山逶迤，南面山下是冲积平原，北面山麓有石垟村，东面山麓有江桥村，形成一面山峦、三面水陆平原环抱的自然环境，有公路可通各镇，可直接与瑞（安）文（成）公路相接，通向104国道。棋盘山中部有东西相对的两个山岗，称为东山岗和西山岗，东山岗也称东背蓬岗顶，西山岗也称西背蓬岗顶。两个小山岗都基本呈西北—东南走向，中间隔有约300米宽的山凹。该山植被较好，山体表面基本未有岩石裸露，更无巨石突兀。两个山岗上都有石棚墓存在，当地群众一直来将这些石棚墓习称为"棋盘岩"，因此，棋盘山称呼的由来可能与山上存在这些石棚墓相关。（彩版三）

（一）东山岗石棚墓

现存1座在山岗顶部，规模较大。村民告知原先有2座石棚，另一座在其东南约6米的坡下，规模较小。但坡下小的1座石棚因遭村民采石破坏严重，1983年调查时未予确认。此石棚在1993年安志敏、焦天龙先生赴现场调查时，还可见到少量残破的支石[1]，此后被彻底破坏（彩版四）。现仅存岗顶1座石棚墓，编号为瑞棋M1。

瑞棋M1

位于山岗顶部中央，石棚建造处较周围自然隆起高凸，所在位置海拔高度75.4米（彩版五）。1983年调查发现时，石棚完全暴露在地面上，其上无封土覆盖，盖石保存。石棚虽大部分坍塌，北面盖石落地，但南面尚未完全坍倒，有一块高大直立的支石支撑着盖石，盖石呈南高北低的倾斜状，石棚南半部尚存深1、宽2、高1.2米左右的室内空间。其他部位已倒塌的支石绝大部分被压在盖石之下，少部分暴露在外（图一三；彩版六）。石棚外围也有一些石块散乱分布着，有些可能是原先为保护石棚基址而设，有些则可能是原先石棚支石遭破坏扰乱所致。这座石棚在20世纪90年代初彻底坍塌。

如今石棚已整体倒塌，但盖石仍大部分保存，平卧在地面上（彩版七～九）。由于支石倒塌压在盖石下面，西、北两面的盖石下均可看到低矮的空间。现存盖石呈不规则的长条三角形，长3.7米，保存最宽处约3.1米。盖石基本平整，厚薄大体一致，厚0.45~0.75米。据观察，盖石的西南部位可见明显的打砸破坏痕迹，说明曾遭后期破坏，现存部分并非其完整

[1] 安志敏：《浙江瑞安、东阳支石墓的调查》，《考古》1995年第7期。

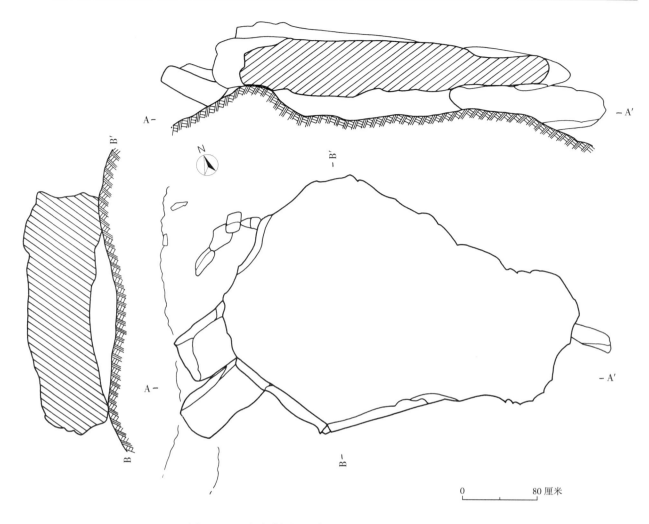

图一三 瑞安棋盘山东山岗 M1 平剖面示意图

原貌。盖石表面和四周毛糙，凹凸不平，开采痕迹明显，加之所在山体表面并无巨石裸露，显然是营建石棚墓时从远处山体岩层中开采运来。所观察到的支石多呈长条状，且每面均有多块，说明东山岗石棚应是每面由多块长条或板状支石来支撑盖石以构成墓室的一类石棚。盖石比较巨大，支石也显得比较粗厚高大，加之原先曾保存的 1.2 米的室内空间高度，可见该石棚的原始状态是一座很显高大的大石棚。联系到其东南方约 6 米的坡下曾有一座小石棚墓的存在，因此东山岗两石棚墓具有一大一小的组合共存关系。

（二）西山岗石棚墓

现存 2 座，相距 4.5 米，分别编号为瑞棋 M2、瑞棋 M3。石棚所在处海拔高度 72.6 米。这里也与东山岗一样，两座石棚是一大一小组合共存在一起。其中 M2 规模甚大，保存较好；M3 规模较小，破坏严重。（彩版一〇，1）

瑞棋 M2

位于山岗顶部的中心，规模巨大，盖石保存完整，石棚尚未完全倒塌（彩版一〇，2；彩版一一～一三）。石棚完全暴露在地面上，上面没有封土覆盖。盖石巨大，石棚总体向西向北倾倒，南面和东面尚有支石支撑着盖石，西面和北面支石倒塌，被压在盖石之下，盖石亦向西向北倾斜，呈现南高北低和东高西低的状态。南面和东面还保存有较高空间，西面和北面盖石基本落地，空间不见。南壁尚有一块高达 1.2 米左右的粗厚长条状支石支撑着巨大的盖石，使盖石下尚有高达 1.2 米左右的空间，但支石已向外倾斜，呈摇摇欲坠之势。现存南壁除尚支撑着盖石的这块支石外，别无其他倒塌的支石，但从现状分析，原先应该还有其他支石存在，可能多数已被破坏不存。东壁现存两块宽阔的板状支石，两块支石形制规整，大小相若，紧密排列，位置偏北。从这两块支石的分布位置看，显然并非原先东壁支石之全部，可以肯定东壁南头也已有支石被破坏不存。东壁保留的两块支石中，南侧支石尚直立着，上端比较整齐，高 1.2 米左右，与南壁还支撑着的一块支石相若，应未遭过破坏，是支石的原始高度，此块支石虽还直立，但已脱离盖石，不被盖石压住，应是盖石向西倒塌倾斜所致；北侧支石由于盖石向西倒塌拉扯之故，已大体呈 45° 向西边石棚内斜倾，但未完全倾倒，而且还基本支撑着盖石，该支石的复原高度应与南侧一块基本一致。石棚东面盖石下保存有较高的空间。西壁和北壁的支石已完全向室内倒塌，被压在盖石之下，从南面空间向室内观察，可看到北壁并排有四块向南面室内倾倒的支石，支石多呈长条形，但西壁的支石情况无法观察清楚。（彩版一四，1）

现存盖石呈不规则的梯形，东西向，表面和四边毛糙，凹凸不平，中间厚，边缘薄，厚薄不匀，开采痕迹明显。所在山体表面并无巨石裸露，显然是营建石棚时从他处山体岩层中开采运来。盖石东西长 4.5、南北宽 3、厚 0.6~0.7 米。现存盖石下的空间约长 2.5、宽 1.2、最高 1.2 米。（图一四）

瑞棋 M2 是现存浙南石棚墓中保存最好和最为完整的一座，也是规模最大的石棚墓之一。从结构情况看，明显是每壁由多块长条或板状支石来支撑盖石构成墓室的一类石棚墓。

瑞棋 M3

位于瑞棋 M2 之东南 4.5 米处，破坏十分严重，仅残存部分盖石和支石。盖石残长 1.4、宽 1.1、厚 0.5 米。支石残存 3 块，呈长条形，均已倒伏。从保留残迹看，此石棚规模较小。

从调查情况看，棋盘山东西两个山岗原先都有一大一小两座石棚分布，大小组合，很有特色。特别是分布在东山岗的瑞棋 M1 和分布在西山岗的瑞棋 M2 规模巨大，其形制结构均是在三或四面用多块长条石或长石板紧密埋立形成支石组成墙体，上架巨大的独块盖石，支石较高，石棚内有比较高大的空间，酷似棚状建筑，是一类用比较高的多块支石支撑盖石构成墓室的石棚墓。

据俞天舒先生的报道，20 世纪 80 年代调查发现这些石棚墓时，曾从石棚内采集到一件原始瓷罐的残件和一些印纹硬陶片，但没有具体说明分别采集于哪座石棚墓。印纹硬陶片经拼对复原为一件印纹硬陶罐[1]。此外在东山岗瑞棋 M1 的下方，也采集到一些印纹硬陶和原始瓷的残碎片，很可能是石棚墓被扰乱破坏后的遗留物。

原始瓷罐　1 件（原报道称簋）。残缺大半，可复原。报道材料中未说明出自东山岗还

————————————

[1] 俞天舒：《瑞安石棚墓初探》，《东南文化》1994 年第 5 期。

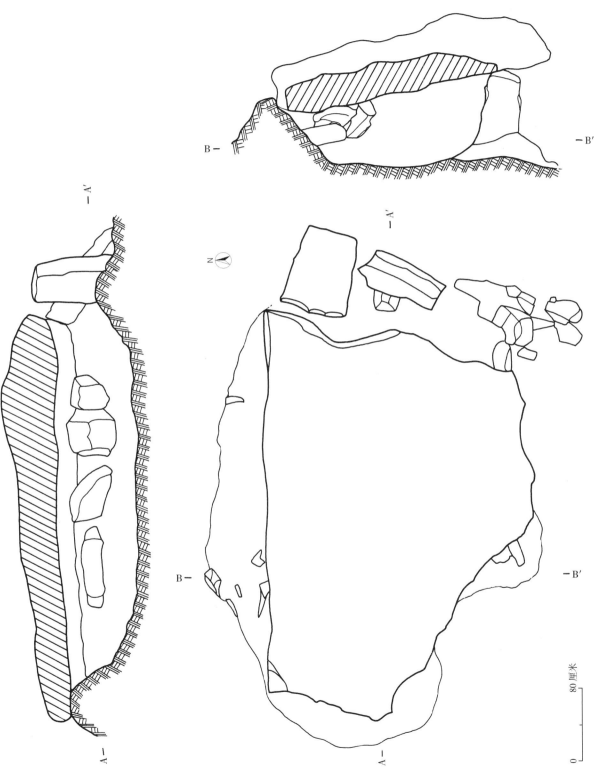

图一四　瑞安棋盘山西山岗 M2 平剖面示意图

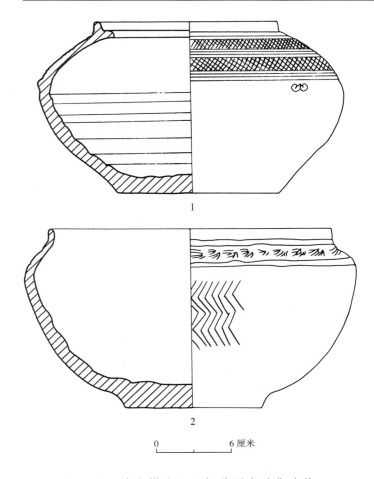

图一五　瑞安棋盘山石棚墓调查采集遗物

是西山岗石棚墓。矮直口，扁圆腹，腹径大于器高，平底。胎骨灰白，质地比较坚细。里外施釉，釉色青褐，口部釉层已全部剥蚀。肩部在两组粗弦纹之间饰有两组刻划网状纹，肩腹之间堆贴有六枚相向卷云纹，腹部拍印编织纹。泥条盘筑慢轮修整成型，器形较规整。口径约 14.5、腹径约 24、底径约 13、高约 14 厘米。（图一五，1）

印纹硬陶罐　1 件，残，修复完整。原报道材料中未说明出自东山岗还是西山岗石棚墓，但瑞安市文物馆所藏省级文保单位档案资料中，明确说明此件器物采集于西山岗石棚墓室内。器形敛口近直，折肩，腹部缓收，平底，口较大，口远大于底，最大腹径在肩部。腹部以上烧结良好，质地坚硬，胎骨青灰。底部生烧，胎骨呈黄色，质地松软。内外器表有一层极薄的黑色涂层，涂层不匀，附着力较强，与胎结合紧密，但色泽干燥，未发光亮。肩部在上下各两道不甚平行的弦纹之间，饰有一组一组的斜向箆点纹，腹部拍印折线纹。泥条盘筑手制成型，器形不甚规整。口径 22.5、腹径 26.4、底径 11、高 15 厘米。（图一五，2；彩版一四，2）

根据采集器物的器形和纹饰特征，印纹硬陶罐的年代可以早至商代晚期，原始瓷罐的年代在西周中期前后。据此可以推定，棋盘山石棚墓的年代略有早晚，早的可到商代晚期，晚的至西周中期前后。

三　杨梅山石棚墓

杨梅山石棚墓系 1989 年调查时发现。

杨梅山，也称仙人岩，位于原塘下区凤山乡沙渎村、现塘下镇沙渎村村北，在瑞安市区东北方约 12 千米处（彩版一五，1）。杨梅山北靠李家山，李家山曾称乌峰寨，是一座东西走向的高山，山体最高处海拔约 300 米，高山的南面是广阔的飞云江冲积平原，西北面为绵延起伏的群山。李家山有多条比较陡峭低矮的小山脊向南伸出，并各有其名，杨梅山是这些小山脊中的一条。杨梅山南面是大片山凹农田，南对面不远为草儿山，一条较阔的溪流由杨梅山脚向南流去。

杨梅山上发现石棚墓 1 座，编号为瑞杨 M1。（彩版一五，2）

瑞杨 M1

瑞杨 M1 基本坐落在杨梅山中段的南向山脊上。1989 年夏调查发现时，完全暴露于山体上，当时东半边盖石和墓室由于村民修祖坟时取石而遭破坏，仅存西半边的盖石和墓壁，残存的盖石下可看到一些块状支石，并可见十分低矮的空间。根据当时残存的遗迹推断，盖石略呈方形，长宽均为 3 米左右，厚约 0.65 米。石棚墓直接建在山坡上，用小块支石构成墙体承架盖石，盖石倾斜度甚小，石棚室内空间低矮，不能构成室状[1]。当地村民一直以来称其为"仙人岩"。现今保存在现场的，大部分是在群众要求下由破坏石棚者用水泥石块垒砌修复的石墙和平台。

根据 1989 年调查发现时的情况和现存残迹，瑞杨 M1 是只在盖石下支垫一些小块石、基本无地面空间的低矮小石棚墓。（图一六）

1.瑞安杨梅山石棚墓俯视图

2.瑞安杨梅山石棚墓后部图

图一六　瑞安杨梅山石棚墓近景

1989 年调查发现时曾在该石棚墓地表采集到原始瓷盅式碗残件和石镞各 1 件。

原始瓷盅式碗　1 件，残，可复原。器呈扁圆筒式，形体规整。侈口，直壁，假圈足，内底平宽。胎骨坚细，色灰白。除假圈足外，内外通体施釉。釉色呈淡黄绿色。口唇上旋凹弦纹一周，内底上有密集匀称的螺旋纹。口径 9.5、底径 5、腹径 8.5、高 4 厘米。

石镞　1 件，完整。圆铤，横断面呈扁菱形，双翼不甚明显。

从上述采集遗物看，杨梅山石棚墓的年代应该在春秋中晚期。

四　草儿山石棚墓

草儿山石棚墓系 2012 年 10 月复查杨梅山石棚时新发现。

---

[1] 俞天舒：《瑞安石棚墓初探》，《东南文化》1994 年第 5 期。

　　草儿山位于塘下镇沙渎村的西南面、杨梅山的南对面，与杨梅山相距仅约 700 米，实际上两者之间是一个南、西、北三面高山环抱的大山凹，两者南北隔凹相望。（彩版一六，1）

　　草儿山北临杨梅山，西接丁山，其后是乌岩山，南面田野和高山，东北面为沙渎村，东面山脚有一条较阔的南北向溪流，溪流再东原为大片农田，现已成为村庄和厂房。草儿山实际上是西面乌岩山向东伸出的小山岗，山呈东西走向，西高东低。山脊平阔，面积较大，形似龟背，因此，草儿山也称龟山。1983 年文物普查时，曾在草儿山山坪和北坡采集到一些石器和陶片等遗物，遗物分布范围约 6000 平方米。石器均经磨制，器形较小，有石锛、石斧、石凿和石镞，陶片以印纹硬陶片居多，拍印纹饰有编织纹和条纹。当时认定为一处新石器时代晚期遗址，现在看来，遗址的年代应已进入商周。

　　此次发现的石棚墓分布在草儿山山岗东头，此处东伸山岗已至尽头，山势显得低矮平缓。石棚墓发现 3 座，均分布在比较宽平的山脊线上，原先上山道路均由此通过。石棚遗迹均保存有巨大的扁平盖石。草儿山山体植皮很厚，并无自然岩石裸露，发现的三块扁平巨石显然经人工从远处搬运至此。三座石棚呈"品"字形分布，分别编号为瑞草 M1、瑞草 M2 和瑞草 M3（图一七；彩版一六，2）。瑞草 M1 在上坡处，规模较大；瑞草 M2 在东北方下坡处，规模略小；瑞草 M3 在东南方下坡处，规模也较大。三者距离相近，瑞草 M2 与瑞草 M1 相距 5 米，瑞草 M3 与瑞草 M1 相距 3.2 米，瑞草 M2 与瑞草 M3 相距 4.9 米。

　　瑞草 M1

　　位于最上坡，其西侧上坡部位紧挨着一座现代坟墓。地面上保存有一块巨大的扁平盖石。

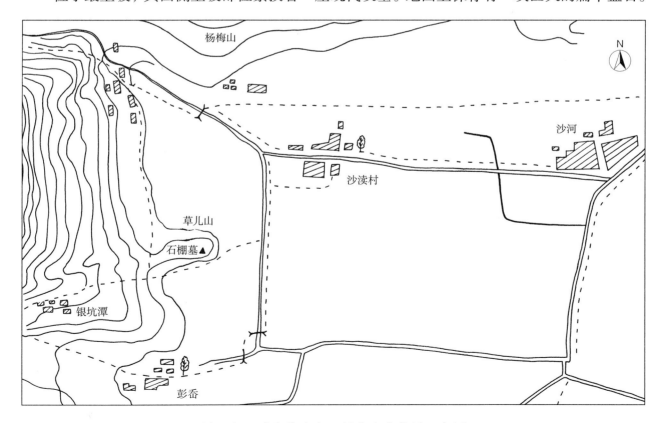

图一七　瑞安草儿山石棚墓分布位置示意图

所在处山地比较宽平，盖石平躺于地面，平面大体呈长方形，基本为南北向放置，与东西走向山脊基本呈十字相交（图一八；彩版一七）。盖石略顺势向下坡倾斜，盖石下不见地面空间。从现场观察，盖石紧挨现代坟墓的上坡侧（西侧），已被村民在营建祖坟时打砸破坏一小部分，东北角也略有破坏，但两端应未遭过破坏，因此，盖石原来的长度明确，宽度也基本可知。盖石呈扁平厚大状，最长处 2.8 米，最宽处 2.3 米。上下基本平整，厚薄大体一致，厚 0.6~0.8 米，上坡侧略厚于下坡侧。发现时，露出地面 0.5 米左右，其余部分埋在地表以下。现存盖石周围的地面上不见倒塌的支石，经对盖石南头外侧泥土稍微清理后于侧面观察，盖石下也没有发现大块支石，仅见支垫有一些小块石（彩版一八）。由

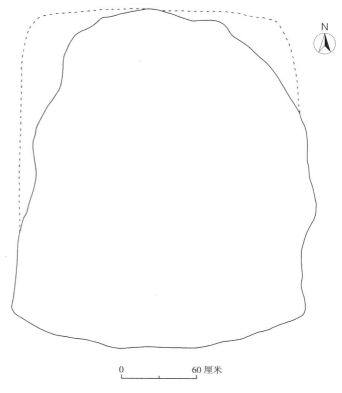

图一八　瑞安草儿山 M1 盖石平面图

于只是外侧清土观察，盖石下中心部位情况不明，是否有墓坑和随葬品等迹象无法知晓。根据岱石山的发掘情况，可知其形制结构应该并非是由条状或板状支石支撑起盖石构成墓室的石棚墓，而是一种仅用小石块来垫支盖石、盖石下基本无地面空间、低矮的墓室在地面以下的石棚墓（或称大石盖墓）。

在清理盖石南头外围表面泥土过程中，出土 20 多片商周时期的陶器残碎片，其中有印纹硬陶和着黑硬陶片等，印纹硬陶片的拍印纹饰有粗大的方格纹、粗大的折线纹和细条纹（彩版一九）。这些陶片出土时均显得细碎分散，并非在同一深度的层面上，应是陶器经扰乱破坏后形成的，基本可以判断与此石棚墓有关，或系石棚墓在历史上已遭一定程度的扰乱破坏，或是当时石棚墓营建活动过程中的遗留。

依据出土的一些陶片，基本可判断该石棚墓的年代应在西周时期。

瑞草 M2

位于瑞草 M1 下坡的东北方 5 米处，处在上山小道的北侧。由于村民曾对山地进行开垦种植，以及近几年营建祖坟之故，石棚所在处山地不是很平整，高差较大，发现时仅朝东面的下坡部分盖石露出地面，朝西面的上坡部分则被松软的表土覆盖着，将泥土清除后才暴露全貌。从清理情况看，目前覆盖在盖石上的这些松软表土明显系近现代开垦种植所致。

瑞草 M2 下坡侧也紧挨一座现代坟墓。盖石完全平置在地面上，稍有顺势向下坡倾斜现象。平面基本呈长方形，南北向放置，与东西走向的山脊呈十字相交（图一九）。盖石周围不见其他倒塌的支石，也基本未见地面空间。盖石表面并不十分平整，现存最长 2.2 米，最

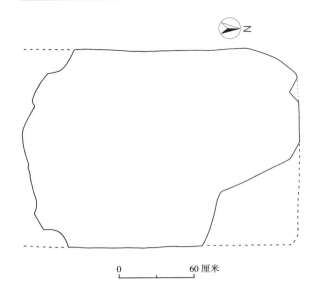

图一九　瑞安草儿山 M2 盖石平面图

宽 1.63 米，厚 0.33 米左右，盖石较瑞草 M1 的显得小且轻薄。从现场观察，盖石东、西两侧显得比较整齐，未遭过后期破坏，应是盖石的原来宽度，但东北角明显遭过后期破坏打砸，已显残缺，南端可能也已有部分被破坏，因此，现存盖石并非其原先规模，原先长度要大于 2.2 米。从两侧未遭破坏而保存完整的部位看，此盖石原先形状应比较规整。

为观察盖石下有否支石存在，调查时也对盖石东、南、北三面外侧泥土进行了清理，发现盖石下靠近边缘部位均有块石支垫（彩版二〇、二一）。支石有大有小，有些是不规则的石块，有些则是经打碎而两面平整的板状石，这种两面平整的板状块石边棱锋利，都系平置。支石仅见一层，高度一致，十分低矮，高仅 0.2 米左右。由于只是外侧清土观察，盖石下中心部位情况不明，是否有墓坑和随葬品等迹象无法知晓。但根据岱石山的发掘情况，已可明确其形制结构也并非是由条状或板状石支撑起盖石构成墓室的石棚墓，而是仅用小石块来垫支盖石、盖石下空间低矮或墓室在地面以下的那类石棚墓（或称大石盖墓），在形制结构上应与瑞草 M1 相同。

在清理外围表土的过程中，出土陶瓷器残碎片 10 多片，其中有原始瓷片和硬陶片（彩版二二）。原始瓷片为厚胎厚釉，内外施釉，有凝釉现象，釉厚处釉色颇深呈青褐色，有几片可直接拼接复原成一件的盂的残器，器形敛口、折肩、弧收腹、高圈足，内壁可见粗疏的轮旋纹，外壁肩部饰粗弦纹。出土的硬陶片质地较硬，不见纹饰，有一片可能是敞口罐的口沿。遗物的面貌具有西周中晚期的风格特征，其时代与浙南石棚墓的流行时代相一致。这些遗物出土时显得比较细碎分散，应该是器物经扰乱破坏后形成的，它们应该与此石棚墓有关，或系石棚墓在历史上已经一定扰乱破坏，或是当时石棚墓营建活动过程中的遗留。

依据出土的遗物，基本可判断该石棚墓的年代应在西周中晚期。

瑞草 M3

位于瑞草 M1 下坡的东南方 3.2 米处，北面距瑞草 M2 为 4.9 米，处在上山小道的南侧（彩版二三，1）。其分布处地势较瑞草 M2 平整，略向东面下坡倾斜。发现时盖石仅露出山体地面一部分，大部分被浅薄松软的表土和乱石所覆盖，将表土和乱石清除后才暴露全貌。从清理情况看，这些覆盖在盖石上的表土明显系近现代村民翻种山地所形成。

现存盖石大体呈长方形，遭后期打砸破坏明显，断裂为四块，平面上局部被撬去（图二〇；彩版二三，2）。由于盖石下原先可能有低矮空间，因此，打砸断裂后石面中心部位向下塌陷，盖石表面高低不平。现存盖石整体最长 2.4、最宽 1.67、厚 0.45~0.7 米。据现场观察，盖石上坡的西头和下坡的东头，打砸破坏痕迹也十分明显，特别是下坡东头，破坏较多，北侧可能也略有破坏。按破坏痕迹复原后的盖石呈长方形，复原大小约长 3.3、宽 2.65 米，原先盖石要大于瑞草 M1 和瑞草 M2。未经打砸破坏部位的盖石表面很平整，表明原先盖石的表面是很平整的。

经对盖石四周表土清理后观察，东头和西头在盖石外侧均暴露出低矮的支石，这些支石原先应垫支在盖石之下，表明盖石确实曾遭破坏，现存盖石并非原来大小。支石未见高大者，其形状有的呈不规则的块状，有的则是扁薄的板状，板状支石或竖立，或平置（彩版二四）。原盖石下空间十分低矮，瑞草 M3 形状结构应与瑞草 M1、瑞草 M2 相一致。

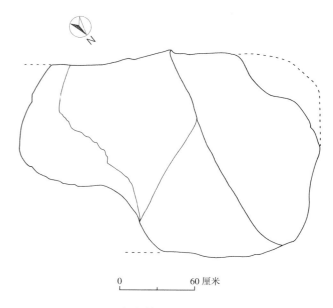

0   60 厘米

图二〇 瑞安草儿山 M3 盖石平面图

由于外围清土中未见有遗物出土，该石棚墓的年代无据判断，估计与瑞草 M1 和瑞草 M2 相若。

第三节 平阳县石棚墓

平阳县境内目前仅在原钱仓镇垂杨村龙山头一个地点有发现，系 1994 年下半年调查时发现，共 2 座石棚墓，现钱仓镇并入鳌江镇。

平阳县位于瑞安市之南，西面和南面分别与文成县和苍南县接壤，东临浩瀚的东海，地形属浙南中山区和沿海丘陵平原区交叉地区。地势西高东低，西部群山盘结，是浙南山地的一部分，山岭之间有低山丘陵、山间盆地和河谷平原，主要山脉为南雁荡山，呈西南—东北走向，棋盘山为全县最高峰。东部是狭长的沿海冲积平原，地势平坦，河网密布。

钱仓位于平阳县最东南的滨海地区，距平阳县城昆阳镇约 15 千米，地处鳌江北岸，东临鳌江口并大海，东南与苍南县沿江、湖前两地隔江相对，104 国道温州至分水关段横穿镇境，并有钱（仓）梅（源）公路通梅溪和梅源，内河水路也可直达平阳县城。

石棚墓所在的龙山头山，在现鳌江镇垂杨村村后，距钱仓约 5 千米，位置在北纬 27° 30′ 58″，东经 120° 30′ 55″，东与山外村隔山相望（图二一；彩版二五，1）。山体大体呈南北走向，山势较高，主峰海拔约 145 米，北与荆山相连，层峦起伏，东、南面向宽阔的鳌江平原，鳌江由西而东曲折蜿蜒。该山山势比较陡峭，植被较差，山体上巨岩森列，怪石嶙峋，有大量巨石突兀于山体。调查发现的两座石棚墓，分别编号为平龙 M1 和平龙 M2，两座石棚墓都分布在一条海拔 120 米左右的南北向山脊脊线上，所在处北面接近山体主峰，山势较高，是已发现的浙南石棚墓中分布位置最高的（图二二；彩版二五，2）。两座石棚墓均完全暴露在地面上，其上无封土覆盖，虽早已坍塌，但盖石均存。

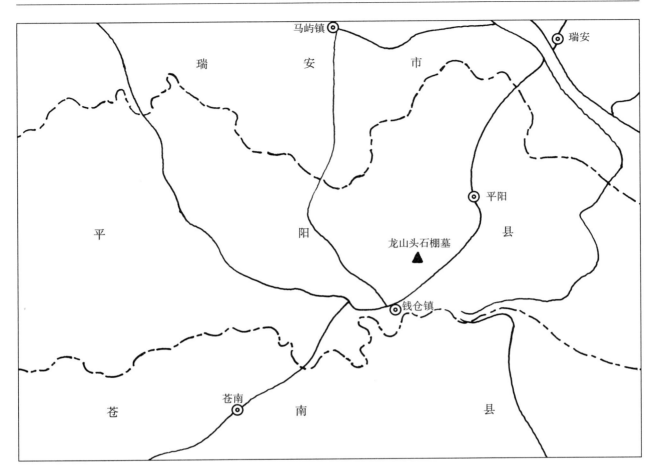

图二一　平阳龙山头石棚墓地理位置示意图

平龙 M1

位于上山道路的东侧，石棚墓建造在一组高出地面数米的自然巨石之北侧，所在处海拔高度 122.4 米，地势略显平缓。从现存情况看，石棚盖石保存完整，但整个石棚已向东侧倾斜倒塌，巨大的盖石东面因支石倒塌而直接落在地面上，西面则尚被一块未倒塌而基本直立的支石支撑着，整块盖石呈西高东低的倾斜状，北面和西面的盖石下都尚有较高空间。（彩版二六、二七；彩版二八，1）

盖石显得比较规整扁平，而且表面和四周均显得比较圆滑平整，与四周山体上突兀的自然巨石面貌一致，没有明显的开采和加工痕迹，显然并非是营建石棚墓时从山体岩层中开采而来，而应该是直接取自原先突兀在山体上的自然巨石。盖石平面大体呈方形，东西长 3.6 米，南北宽 3 米，厚 0.4~0.8 米（彩版二八，2）。西面盖石下尚直立支撑着盖石的一块支石基本呈直柱状，显得比较规整，高出现存地面 0.66 米，横断面长 0.9、宽 0.45 米。石棚西面和北面现存空间高度均在 1 米左右。因盖石的倾倒移位，盖石四周可见到一些倒塌的支石，其中东、南两侧所见支石分布略显整齐，靠山路的西面和北面显得比较散乱，或许曾遭后期一定的扰动。支石多基本呈长条状，也有呈板状的。根据现场观察，石棚原先盖石下每面均有由多块长条石或长方板状石埋立而成的支石来支撑盖石以构成墓室，墓室比较高大，有高 1 米

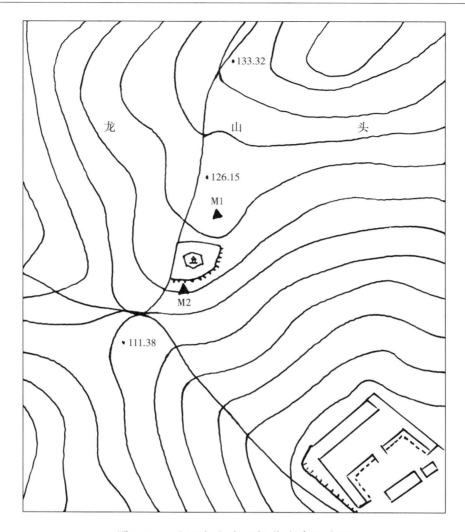

图二二　平阳龙山头石棚墓分布示意图

左右的空间。在调查时，为确认该墓是否系石棚墓，曾在大盖石下尚留存的空间部位进行了简单的小范围局部挖掘清理，结果在表土以下 0.3 米深处，发现 20 多片破碎的陶片，应是随葬于墓内的陶器被压碎后的残碎片，从而确认了这座石棚墓。

从试掘出土的陶片标本看，有印纹硬陶、硬陶、泥质灰陶和夹砂陶四种，没有见到原始瓷（彩版二九）。所见印纹硬陶片的质地不是十分坚硬，拍印的纹饰是条纹。硬陶片胎壁较薄，胎呈灰白色，所见者为罐类器平底残片和腹部残片，有的内外器表有浅黑色无光泽涂层，系着黑陶。泥质灰陶多为罐的口腹或器底残片。夹砂陶胎夹细砂，胎体较厚，呈灰色或黄色，可辨器形有敞口、宽沿、折颈的釜或鼎以及敞口、窄沿、溜肩、垂腹的釜或鼎。

根据这些出土的陶片，基本可以判断这座石棚墓的时代在西周时期。

平龙 M2

位于平龙 M1 之南，即平龙 M1 的下坡部位，两者相距 27 米，也分布在上山道路的东侧，所在处海拔高度 115.8 米。此石棚建于突兀在山体上的一组巨石的南侧，石棚北侧紧挨一块长 3 米余、高 2 米余、厚 1 米多的侧立巨石（彩版三〇，1）。调查时发现有一块巨大而比较规整扁平的大石基本平躺在地面上，分析可能是石棚盖石，该石棚由此被认定。现存盖石平置近水平状，基本呈方形，十分完整，表面甚显平整，厚薄均匀，东西长2.5米，南北宽2.2米，厚0.4~0.5米。南面盖石下可见平躺的大石，大石略显西高东低，未知这块大石是否系已倒塌的独块侧立支石。大石西头直接被盖石压住，而东头大石与盖石之间，有用块石垒砌垫高的迹象，很明显系后期为垫平盖石所为（彩版三○，2）。与之相应的是东面盖石下两侧也各有一道用块石垒砌的矮墙垫支着盖石，使盖石下具有一定空间，石块的新鲜程度和垒砌方法都与东面大石下所垫块石相一致，显然并非是石棚之原貌，也系后期为抬高垫平盖石所为，表明盖石东面曾经后期人为抬高垫平，此前盖石呈西高东低的倾斜状，这种倾斜状或许是石棚倒塌所致。龙山头上多寺庙，这一石棚又正处在上山道路由陡转缓路段之东侧，紧挨山道，因此，这一后期抬高垫平盖石的行为，显然是为上山去寺庙求仙拜佛的信徒们修建一处平整的休息场地。

从调查情况和残存迹象看，分布在平阳龙山头上的石棚墓，平龙M1的形制结构是比较明确的，它是三或四面用多块长条石或石板埋立组成墙体，上架盖石，地面有比较高大的室内空间的一类石棚墓；但平龙M2由于倒塌和扰乱，原先的形制结构不甚明了。

第四节　苍南县石棚墓

苍南县境内的石棚墓目前仅发现钱库镇桐桥村一个地点，系1997年下半年调查发现，共发现7座，系一处石棚墓群。

苍南县属温州市所辖，系浙江最南之县，东临东海，南与福建省接壤。地形也属浙南中山区和沿海丘陵平原的交叉地区。地势西南高，东北低。西北部群山盘结，山涧峡谷陡峭，与泰顺县交界的南雁荡山主峰九峰尖为全县最高峰。北部横跨马站、矾山之间的鹤顶山，奇石嶙峋，突兀耸立。东北部地势平坦辽阔，河网纵横交织，池塘星罗棋布。东部海域辽阔，海岸曲折多港湾。丘陵山地约占全县面积的66%。

钱库镇位于苍南县之东部，西距苍南县城灵溪镇约20千米，向东10千米左右即为浩瀚的东海，属滨海地区。镇西南为南雁荡山余脉，东部属鳌江江南平原，镇内平原区河网密布。沿着县城至金乡镇的乡间公路，分布着一条大体呈南北走向的高山带，由于部分山脊的东伸，形成了若干个东西向的宽阔山岙。

石棚墓所在的桐桥村，位于钱库镇西南部，东临钱库至金乡镇的塘河，西有望州山。石棚墓分布在村西面的山脚平地上（图二三；彩版三一）。这里南、西、北三面高山环抱，东面面向辽阔的平原。山岙基本呈东西向，向东面敞开，呈西高东低之势，显得较为宽大，其东西长约700米，南北宽约400米。环抱山岙的三面高山，海拔均在100米以上，有的高达数百米，崇山峻岭，层峦叠嶂，山上多有岩石裸露。一条由西向东流的山涧小溪，从山岙中间通过，将山岙平地一分为二。发现的石棚墓沿着小溪分布在北侧的山麓平地上。据当地村民反映，以往在这山岙里分布有许多石棚墓，后来在农田基本建设和修渠引水工程中毁坏不少。现残留7座石棚墓遗迹。

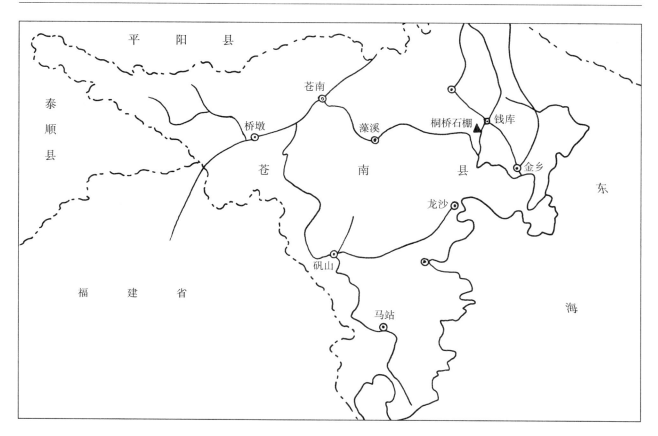

图二三　苍南桐桥石棚墓地理位置示意图

这里发现的七座石棚墓，多已遭到不同程度的破坏，有的盖石不存，仅存部分支石；有的盖石虽存，但破坏严重，仅残留一部分。调查时将七座石棚墓由东向西依次编号为苍桐M1~M7（图二四），各座石棚墓的现状和形制结构如下：

苍桐M1

位于小溪北侧，南面紧邻小溪，东距至东乡镇的公路14米。盖石现已不存，但地面上完好地保留着4块直立的大支石（彩版三二）。四块支石呈四角状分布，底部埋入地下，从分布情况看，明显是当时石棚的四角支石。发现前，现存支石之间的空间已作为沿溪小道在使用。所存支石形状比较规整粗大，呈方形或扁方形立柱状，断面为长方或扁方形。其中东北角一块地面以上高1.3米，横断面呈扁长方形，长1.1、宽0.6米，顶端无打砸破坏痕迹，应系其原始高度。东南角一块地面以上高也是1.3米，与东北角一块相一致，横断面呈长方形，长0.7、宽0.54米。从现状观察，支石顶端可能也无破坏，应是原始高度。西南角一块最低，地面以上残高0.9米，横断面呈长方形，长0.75、宽0.45米，顶端有明显的打砸破坏痕迹，应并非其原始高度。西北角一块地面以上高1.2米，与东南和东北角支石高度相差无几，横断面呈长方形，长0.85、宽0.7米，顶端也无明显的后期打砸破坏痕迹，也应是它的原始高度。从残留支石情况看，这是一座四角立柱状支石、上架巨大盖石的石棚墓。由于巨大盖石全由四角支石支撑，故支石均粗大厚实。四角支石的位置并不十分对称，距离不一。由现

图二四　苍南桐桥石棚墓分布示意图

存四角支石构成的石棚墓平面形状略呈东西向长方形，规模巨大。从支石的外侧量，东西长约 4.8 米，由于东北角支石与西北角支石位置并不完全对称，故石棚墓平面东西两侧的南北宽度不相一致，东侧宽 4.7、西侧宽 3.4 米。从四块支石的内侧量，四面支石之间的距离是：东面 2.9 米，南面 3.6 米，西面 1.8 米，北面 4.1 米。依据现存东北和东南角支石高度判断，该石棚墓原先地面上室内空间高度至少达 1.3 米，室内平面面积在 19 平方米左右，而其原先的盖石长宽均应在 5 米以上，是一座规模巨大的石棚墓。现存地面四块支石之间未见有其他立石或垒石成壁的迹象，当时盖石下除四角柱状支石外，四角支石间是否还有其他用立石或垒石方法形成的墙体，现场迹象已不明显。

这是桐桥石棚墓群中规模最大的石棚墓之一。

苍桐 M2

位于小溪北侧，苍桐 M1 以西 35 米处。

盖石已破坏不存，现存东南角、东北角和西北角 3 块巨大的支石，西南角支石被毁无存（彩版三三）。现存的三块支石中，东南角和东北角两块支石尚直立于地面，底部埋入地下，而西北角一块则倾倒在地埋于土中。从支石的形状大小和分布情况看，该石棚墓的形制结构与苍桐 M1 相同，即四角立柱状支石、上架巨大盖石，盖石的重量完全由四角支石来承受，规模也十分巨大。所存三块支石均呈方柱状，显得规整粗大。东南角直立的一块最高，地面以上高度达 1.8 米，而且顶端保存并不整齐，一侧似曾遭后期打砸破坏。该支石断面接近正方形，长 0.75、宽 0.7 米。东北角直立的一块相对比较低矮，顶端有明显的打砸破坏痕迹，地面以上残高 1.2 米，断面呈长方形，长 0.65、宽 0.45 米。西北角一块已倒卧在地埋于土中，形状与东北和东南角支石相仿。如果将已经毁坏不存的西南角一块支石以对称位置复原，该石棚墓的平面形状呈南北向长方形，且以支石外侧量南北长约4.6、东西宽约4.4米，平面面积达20平方米左右，而当时的石棚室内高度至少达1.8米，其平面范围和石棚高度均略大于苍桐M1，更是一座大型石棚墓。根据四角支石的分布情况，推测原先盖石的长、宽均可达5米左右，十分巨大。现存四角支石之间也无其他墙体迹象残留。

苍桐M2也是桐桥石棚墓群中规模最大的石棚墓之一。

苍桐M3

位于小溪北侧，苍桐M2以西277米。盖石尚存，其形状不甚规整，大体呈较扁薄的长方形，东西长3.55米，东头宽1.4米，西头宽1.75米，最厚处约0.45米（彩版三四，1）。盖石下未见竖立的支石，现存盖石东头贴近地面，西头盖石下垫支有一块横向放置的长条石，使盖石形成西头上翘、西高东低的状态，西头盖石下形成0.9米左右高的空间。盖石无明显的加工迹象，四周和表面都不平滑。从现场观察分析，该石棚墓原先无直立的四角支石，也没有用条石或石板构建的三或四面墙体，只是在盖石下垫支了一些大小不一的石块，在形制结构上与苍桐M1、苍桐M2完全不同，留存的盖石也反映出其规模较小。

苍桐M4

位于苍桐M3之西78米，石棚墓完全已毁，仅残留被破坏后的乱石堆，遗迹之旁建有一座高大的现代坟墓（彩版三四，2）。从村民中了解到，此处原是这山岙中最大的一座石棚墓，上面盖石巨大，四周有支撑住盖石的直立支石，有高大的地面空间，内可容纳十几人，当时村民经常在此石棚墓内避风躲雨，后石棚墓因"文革"期间取石修建灌水渠道而被毁。现无地面迹象，可能底部基址尚存。根据村民提供的情况分析，该石棚墓的形状结构可能与苍桐M1、苍桐M2基本相同，也是一座有高大地面空间的大型石棚墓。

苍桐M5

位于苍桐M4之东北方26米，地面上残存一块盖石，盖石大体呈方形，平躺在地面上，盖石周围是尚在种植的耕地，从现状看，盖石显然遭过破坏（彩版三五，1）。现存盖石下不见支垫石，没有地面空间，其周围也不见其他已倒塌的长条状或板状支石，可能是一座破坏严重的石棚墓。残留盖石不大，但较厚，其四周和表面均显得高低不平，东西长1.8、南北宽1.6、中心厚0.6米。

苍桐M6

分布在苍桐M5之东南29米处，向西26米为苍桐M4所在，向东52米系苍桐M3。现状与苍桐M5相似，仅在地面上保留着一块基本可判定为盖石的长方形扁平大石，其外围系仍在种植的菜地（彩版三五，2）。盖石南端斜插于土内，盖石下不见支石，也无地面空间，其周围也没有发现其他倒塌在地的长条状或板状支石。盖石并不规整，但比较平整，从现状看，盖石显然遭过破坏，其残存东西长1.8、南北宽1.6、中心厚0.6米。

苍桐M7

位于苍桐M4以西25米，盖石尚存，平躺在地面上（彩版三六）。朝下坡的东面，盖石下可看到有数块大小不一的小块石支垫着，稍稍形成一点空间，空间最高处0.4米。

周围和盖石下面不见其他倒塌的较大长条形或石板状支石，从现状情况看，形制上与苍桐M3基本相同。现存盖石略呈南北向三角形，南北长2.35、东西宽（南头）1.75、厚0.5米左右。

从上述七座石棚墓残留迹象分析，分布在苍南桐桥的石棚墓，形制结构基本可分两类：

第一类：以苍桐M1、M2为代表，苍桐M4很可能也属此类。这类石棚墓在形制结构上的特点是：四角埋立比较高大的柱状支石，上架巨型独块盖石，有高大的地面空间，形成室内可供使用的棚状建筑，成为名副其实的石棚墓。同时，石棚墓的规模显得十分巨大，是一类大型石棚墓。这类石棚墓在四角支石之间是否有三或四面存在其他用石块垒成的墙体，依现存情况无法作出明确的判断，但其完全依靠四角支石来支撑重达十几吨乃至几十吨的巨大盖石这一点是可以肯定的，即便其原始状态是三或四面有立石或垒石墙体，实际上也并不起到支撑盖石的作用。

第二类：以M3、M7为代表，M5、M6可能也属此类。从现有迹象看，这类石棚墓与上一类石棚墓的形制结构差异较大，既没有在四角埋立柱状支石来支撑盖石形成一定空间，也没有在三或四面埋立多块支石或垒石形成墙体后上架盖石，而往往只是用几块小石块来垫支盖石，盖石贴近地面，其下的空间十分低矮，有的几乎没有地面空间，规模也普遍显小。由于没有进一步发掘，下部情况不清楚。

第五节　仙居县石棚墓

仙居县石棚墓位于县城西郊的安洲街道西门村岩石殿，发现于2008年开始的全国第三次文物普查，是目前温州地区之外、台州地区境内发现的唯一一处石棚墓遗存。

台州地区位于温州地区之北，东临东海，地处浙江东南部的滨海地区。仙居县在台州地区的西部，县境并非直接濒海。其东面与临海市和黄岩区接壤，南临永嘉县，西接缙云县，北连磐安县和天台县。地形属浙东盆地低山区。整个地势西高东低，向东敞开，呈马蹄形。南、北、西三面环山，地势较高。中部是河谷盆地，永安溪自西南向东北流贯其中，显示了"三面群山夹一溪，西高中平东部低"的特点。境内崇山峻岭，峰峦起伏，山脉呈西南—东北走向，北部属大盘山脉，南部为括苍山脉，最高峰为与临海交界的括苍山主峰米筛浪。山地约占全县总面积的81%。主要河流为永安溪，较大的支流有曹店港、九都港、十三都港和朱溪港等。

石棚墓位于仙居县安洲街道西门村的西面，现今仙居县城的西郊，老县城的南面，当地俗称"岩石殿"，也称"岩石庙"（图二五）。这里地处仙居中部平原，远处四面环山，峰峦起伏，中间形成一个范围广阔的山间盆地，地势平坦，土地肥沃，平均海拔高度约60米。岩石殿在西门村的西侧，东为西门村，南临下洋底村，西南与黄坦村相接，西面和北面分别为三桥村与利华新村小区，这里距四面高山都比较遥远。石棚遗存分布在平地上，分南北两处，相距135米，保存状况都不佳。

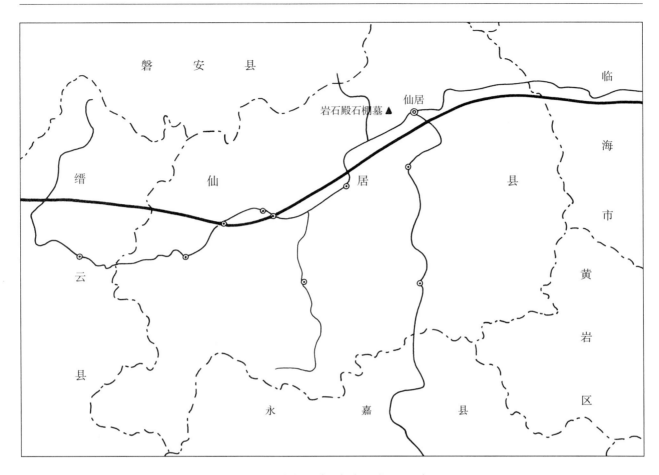

图二五　仙居石棚墓地理位置示意图

一　南处石棚墓遗迹

南处仅见一座石棚墓遗迹，编号仙岩 M1。

仙岩 M1

现存两块支石，盖石不存（彩版三七）。两块支石呈南北向分布，支石之间相距 2.6 米，其中北面一块支石保存高大而完整，南面一块支石大部分已被破坏，仅残留底部一段。

北面保存的一块支石显得高大而完整，呈宽扁形的板状，至今仍直立在地面上，底部埋入地下（彩版三八）。支石显得十分宽阔，其宽阔的程度超过苍桐 M2 石棚的东南角支石。支石立面往上略有收分，上窄下宽，横断面呈扁薄长方形，南北向埋立。近地面的下部南北宽 1.6、厚 0.55 米，顶部南北宽 0.95、厚 0.25 米，地面以上高 1.55 米，地下埋深情况不明。从立石顶端不甚平整的情况分析，不排除其已略有被破坏之可能，原先可能更高。此板状支石形体比较规整，但开采敲砸痕迹十分明显，四周表面均凹凸不平，显然是从远处山岩中开采而来。

南面支石在距北面支石 2.6 米处，破坏严重，地面上仅残留 0.4 米高的一段，从残留部分看，要稍小于北面支石，形状上也基本呈宽扁形的板状，同样是南北向埋立，形体与埋向都与北面支石一致（彩版三九）。近地面的下部南北宽 0.87、厚 0.4 米左右，残断部位南北宽 0.64 米。上部情况因破坏不明。

从残留迹象分析，此两块支石应该是石棚东面或西面的两角柱状支石，为石棚墓遭破坏后残留的遗迹，而另外一面的两角支石已遭破坏，具体情况不明。调查时，我们询问了当地老农，得悉在现存两块支石的西面约三、四米处，早先确实还有类似的石块竖立在地面上，但在 20 世纪 70 年代初开展的农田基本建设工程中已被炸药炸掉破坏。由此可见，原先这座石棚墓的形制结构与苍桐 M1、苍桐 M2 相同，是一类在四角埋立高大柱状支石、其上面巨大盖石主要靠四角支石来支撑的大型石棚墓。根据现存北面支石高度和南北两块支石之间的距离，可知当时此座石棚墓的平面长度或宽度可达到 4.8 米左右，室内高度至少可达 1.55 米，显得十分高大和雄伟。

二　北处石棚墓遗迹

北处石棚墓遗迹所在处距南处石棚墓遗迹 135 米。从现存残留迹象看，这里可能共有 4 座石棚墓遗迹，依次编号为仙岩 M2~M5（彩版四○）。这四座石棚墓遗迹自东向西呈一字形排列，距离都很近，显得较有规律，盖石都有保存或部分保存。其中最东面一座保存最好，其他三座破坏较多、保存较差。从残留迹象观察，这四座石棚墓原先的形制可能基本一致。不管是保存较好或较差者，现存盖石或倾斜或倒伏，都没有发现像南处石棚墓那样高大的直立支石，其形制结构与南处石棚墓完全不同。

以保存较好的最东面石棚墓仙岩 M2 为例。

仙岩 M2

其现存情况如下：有三块东西并列的南北向长条形盖石暴露在地面上，三块盖石形状相同，大小也基本一致，其中东侧和中间的盖石保存较好较完整，西侧盖石南头残断（彩版四一、四二）。盖石均显得狭长，中间宽，向两端逐渐收窄，端头略近尖状，形状不规整，整体形制似舌形，四面凹凸不平整。盖石之间不甚紧密。由于每块盖石皆是中段宽两头窄，因此各块盖石之间形成的缝隙是中部小两头大，其中东侧与中间盖石之间中部缝隙宽 0.47、南头缝隙宽 1.26 米，中间与西侧一块之间中部缝隙宽 0.3 米。盖石均坐北朝南，北头落地，现均覆盖有一些泥土，盖石北端未有显现，村民在其上种植蔬菜。盖石南头下均支垫有 2~3 层东西向横置的条石，故盖石向南伸出部分高高斜翘，与地面之间形成比较高的空间，整体形成南高北低的倾斜状态。由于现存盖石北端均被泥土覆盖着，每块盖石的实际长度无法准确测得，东侧和中间保存较好的两块盖石现暴露部分长 4~5 米，盖石的实际长度应在 5 米以上。盖石宽 0.5~1.3、厚 0.4~0.7 米，其南头向支石以南伸出部分长 1.3~1.5 米，形成的地面空间高达 1.8~2.0 米。

仙岩 M2 以西的另外三座石棚墓破坏较多，均不见残存的直立支石，只有一些比较大的石块倒伏在地面上，可能是被破坏后的盖石（彩版四三、四四）。仙岩 M3~M5 残留盖石都没有仙岩 M2 长大，其中仙岩 M3 残存的盖石下也可看到有石块支垫，但基本没有形成地面空间。

　　北处遗迹保存不佳，又未经过清理，总体来说石棚特征似乎显得不是很明显。特别是现存仙岩 M2 的盖石由三块大型长条石并列组成，与其他石棚盖石为独块巨石的特点不符，未知其原始面貌是否是此状态。考虑到此地是宽阔的山间盆地，地势平坦广阔，属远古形成的山间冲积平原，可见这些巨石不可能是自然形成和存在，肯定是由人工从远处搬运至此。而且，石块也并非自然堆积，系人为有意构筑不容置疑，更何况其南面有明显的石棚墓遗迹存在。因此，它们属于石棚墓遗迹的可能性还是很大的。如果此处系石棚遗迹不误，那么，北处石棚与南处石棚应是两种完全不同类型的石棚。北处仙岩 M2~M5 与南处仙岩 M1 四角埋立高大支石来支撑盖石的结构形态明显有很大区别，应该是四角或四面不立高大支石而只用低矮块石支垫盖石、室内空间低矮或基本无地面空间的那一类石棚墓，其结构形态可能与已经发掘的瑞安岱石山 M10、M23 和 M32 基本相同。因此，仙居岩石殿可能存在着两种类型的石棚遗存。两种形制差异很大的石棚墓同地共存的现象，亦见于瑞安岱石山和苍南桐桥。

第二章　瑞安岱石山石棚墓发掘

第一节　发掘概况

根据瑞安市文物馆提供的调查资料，分布在岱石山上的石棚墓，除 1956 年发现的东山坡上 2 座早遭破坏外，后来于 1983 年在西山脊上调查发现的石棚墓共有 26 座，是一处分布密集的石棚墓群，也是已知浙南石棚墓的主要分布点。当时调查发现后分别编号为 M1~M26，并作了相关的记录，绘制了平面分布位置示意图，调查时还在少数石棚墓内和周围采集到一些原始瓷和印纹硬陶等遗物。当时这些石棚墓虽大多倒塌，但均保存或部分保存有巨大的盖石，少数石棚保存还比较完整。据当时记录，"其中仅 M4、M6、M7、M8、M13、M16 与 M19 七座保存比较完整，余都已坍倒。……这比较完整的七座，虽规模略有大小而其构筑情况基本一样，但与南（东）坡的墓却有较大不同。今以 M6 为例，表述如下：盖石略呈长方形，最大长宽为 2.8 × 2.4 米，厚 0.5 米。不用石条作支石（撑石）承支盖石，而是在墓室的三面（左、右、后）用较小的块石垒成墙体来承架盖石。墙体高约 0.8~0.9 米。石棚墓室内空间低矮、狭小，高仅 0.3 米，不能构成室状。盖石架得成水平状"[1]。但在此后十年当中，石棚墓遭到了前所未有的破坏。由于石棚墓均裸露于地表，从石棚上取石远比从山体上采石省力和方便，因此，石棚墓成了附近村民在修建住房和现代坟墓时首选的取石目标。村民们在石棚墓上敲砸取石，致使石棚墓遭到了几乎是毁灭性的破坏。鉴于岱石山石棚墓几被破坏殆尽的情况，为了解这种特殊遗存的形制结构、文化内涵和时代面貌等信息，探索它们的功能、性质与文化属性，经国家文物局批准，浙江省文物考古研究所与温州市文物管理处一起，于 1993 年下半年对岱石山石棚墓进行了全面的抢救性发掘。（彩版四五、四六）

由于石棚墓破坏严重，加之山地上曾经开垦种植，发掘前，这 26 座石棚墓多数已无明显的地面迹象，各自的具体位置有些已不易确定。发掘时，我们对照瑞安市文物馆提供的 1983 年调查时绘制的平面分布位置示意图，结合现场情况和群众提供的线索，找出了其中 19 座石棚墓的残迹，并全部进行了发掘清理，记录资料时使用了原先调查记录时的编号。M1、M3、M4、M9、M12、M15、M16 等 7 座石棚墓，因已被彻底破坏未留残迹而无法找见，没有清理。另外，在发掘过程中，我们在其他位置又发现了亦无盖石保存的石棚墓遗迹 8 座。

---

[1] 俞天舒：《瑞安石棚墓初探》，《东南文化》1994 年第 5 期。

1983 年瑞安市文物馆调查时，这 8 座石棚墓遗迹可能已被严重破坏，盖石已经不存所以未被确认编号。我们对这新发现的 8 座石棚墓遗迹，一并进行了发掘清理，顺着原先编号，将新发现的 8 座石棚墓遗迹续编为 M27~M34。

以上 34 座石棚墓（包括已被彻底破坏的），除 1 座分布在向北伸展的小山脊上，其余 33 座均分布在总长近 500 米的东西走向的西面山脊、山顶和山顶稍东山脊上，分布相当密集，形成石棚墓群（图二六）。这里山脊和山顶都显得比较宽平，石棚墓顺着山脊的走向分布于山顶与山脊的分界线上或分界线两侧，从海拔仅四五十米的山脊地段到海拔近百米的山顶均有分布。从平面分布上我们可以清晰地看到，这些石棚墓或三五座成群，或一二座散布，相互之间的距离，远者数十米，近者几米，在分布距离和组合上似无明显规律，只是在山脊比较平缓地段分布密一些，在山脊相对比较陡峭的地段则稀疏一些，山腰和山脚则未见有石棚墓分布。

在发掘清理的 27 座石棚墓中，仅有 4 座保存或部分保存盖石，其余盖石均已破坏无存，大部分连墓壁支石也被破坏殆尽，留存无几，而且残存的支石也大多遭过敲砸破坏，非其原貌。由于山地上曾经开垦种植，留下的一些支石残迹大多被乱石和泥土覆盖，有的则已成为乱石堆。地面上多无明显石棚墓迹象，唯有在土石堆表面或现已荒废的平地上显露出一两块残断支石的顶尖，成为我们发现石棚墓遗迹的重要线索。往往乱石堆积较多、其上荆棘丛生者，石棚墓保存的相对较好些，支石也显得比较完整一些。而在清理这些乱土石堆的过程中，不但发现堆积松软杂乱，而且往往有近现代遗物出土，表明这些覆盖在石棚墓遗迹上的泥石

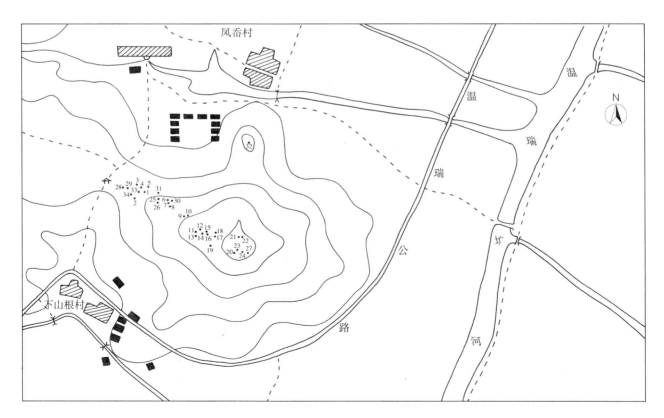

图二六　瑞安岱石山石棚墓分布示意图

堆积，均系现代垦荒种地和采石造墓时形成，并非石棚墓之原貌。

从发掘情况看，有极少数石棚墓只是盖石被破坏不存，构成墓室的墓壁支石和墓底保存还较好较完整，石棚形制和结构显得比较清楚，如 M19、M27 和 M33。大部分石棚虽已被严重破坏、盖石无存，但根据残存部分墓壁支石，石棚遗迹可明确判断。另外，还有少数石棚墓遗迹基本被破坏殆尽，仅残留一两块已不完整的支石，甚至没有保存支石，但有明确的墓底底面或设施，并伴出少量遗物，据此仍可以确认这一位置原先有石棚墓的存在，如 M7、M18、M26。

发掘清理的石棚墓大多出土有随葬器物，多少不一。其中 M5、M17、M19、M20、M21、M27、M28、M29、M30、M31、M33 和 M34 这 12 座石棚墓遗迹，均在墓底发现残留的随葬遗物；M2、M8、M10、M11、M13、M25 和 M32 这 7 座石棚墓遗迹，在墓底未见残留随葬品，但在扰土中采集到一些完整或比较完整的遗物；M6、M14 和 M24 这 3 座石棚墓遗迹，在墓底也未见随葬品残留，但在后期扰乱土中采集到一些随葬品的碎片。只有 M22 和 M23 这 2 座石棚墓遗迹，墓底和后期扰乱土中均未见随葬品。

包括采集品在内，共出土遗物 104 件（套），质地以原始瓷、硬陶、印纹硬陶为主，也有少量泥质陶、青铜器和石器。器形大多是日常生活用器，也有少量的生产工具、兵器以及可能是用于随葬的青铜小编钟。

发掘工作自 1993 年 10 月上旬开始，至 12 月底结束。发掘工作得到了温州市文物管理处、瑞安市文化局、瑞安市文物馆的大力协助与配合，温州市文物管理处还派员参加了整个发掘工作。发掘结束后，即于次年在瑞安市文物馆内开展了发掘资料的整理、研究和简报的编写工作，并于 1997 年在《浙江省文物考古研究所学刊》上发表了发掘简报[1]。参加发掘工作的有省文物考古研究所的陈元甫、黎毓馨、孙国平和技工彭必平，温州市文物管理处的蔡钢铁和梁岩华，参加发掘资料整理工作的有省文物考古研究所的陈元甫和黎毓馨。

第二节　形制结构和出土遗物

一　瑞岱 M2

M2 位在岱石山西山脊低段，分布位置较低，其东面上坡部位约 30 米处为 M25 和 M26。1983 年调查发现时，石棚墓"已塌毁，盖石平坍在地面，形制不规则，最大长宽 2.1×2.3 米，厚约 0.5 米"。本次发掘前，石棚墓已遭更严重破坏，盖石已经破坏不存。石棚墓所在位置长满茅草，仅有一较大石块东西向露出地面一截，高约 20 厘米，因村民耕种之故，这一石块周围已经平整，因此，M2 现存状况与此山上其他大多数石棚墓遗迹保存情况有别，无碎石堆积其上。听当地老支书说，早年此处曾有一可供避风躲雨的石室，盖石特别巨大，在山上劳作的村民和牛羊放牧者经常在此躲雨避风。虽然原先石棚室内空间高度并不一定会高到

[1] 浙江省文物考古研究所：《瑞安岱石山"石棚"和大石盖墓发掘报告》，《浙江省文物考古研究所学刊》，长征出版社，1997 年。

人可自由出入的程度，但石棚原先有比较高的室内空间这一点似可肯定。又听说由于石棚墓用石巨大，古人认为人力不可为，当系神力所致，因此，民国期间，当地百姓曾将石棚视作是仙人营建和居住过的地方，常来此烧香膜拜，以求仙界保佑平安。清理时，表土层中确实发现大量民国时期青花瓷碎片，大约分属 20 件左右的香炉个体，应为当时村民在此进行祭拜活动所留下的遗物，这批遗物印证了老支书所讲述的事实。

　　清除约 30 厘米厚的扰乱表土之后，暴露部分石棚遗迹（图二七；彩版四七、四八）。由于近现代破坏严重，仅残留较好支石一块。支石基本仍直立在生土面上，没有挖槽埋入的现象，而是用内外填筑护土的方法来进行固定，内外填筑护土厚 40 厘米左右。支石通残长近 100、宽 60~80、厚 20~30 厘米，其中埋入填土以下 40 厘米，高出填土面近 60 厘米。从遗迹现象判断，这块支石原先应是石棚南壁的其中一块。支石西面 1 米多处，尚保留着一段

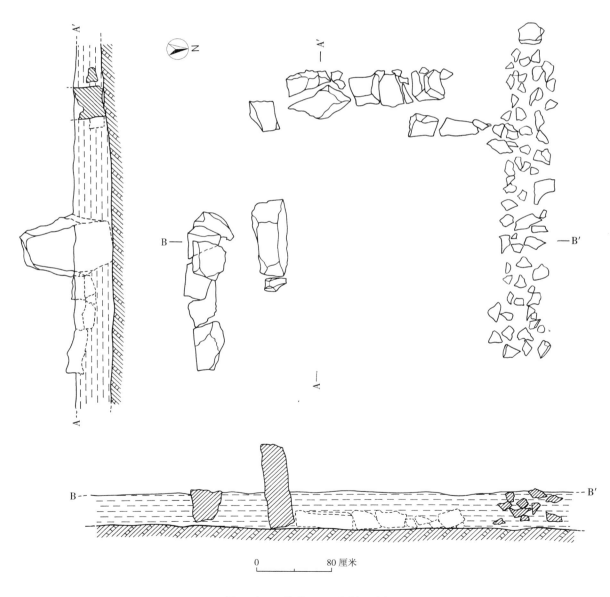

0　　　　　　80 厘米

图二七　瑞岱 M2 平剖面图

很低的石墙，长约1米，高约0.2米，基本呈南北走向，似为原石棚墓的西壁，但石墙均由小石块构成，不见其他可作为支石的较大石块，因此，也很有可能是当时西壁外侧用于固定大型支石的支衬石。北面的支石已被完全破坏取走，只在原先地面上发现一些土坑，坑内填土松软，据此基本能判断出此处原有较大石块埋立过，土坑一线即为原先石棚墓北壁的位置。东面基本无大小石块出现，也未见曾有支石埋立的遗迹。因此，该石棚墓虽破坏严重，但依据残留迹象，我们仍可以判断出原先南、西、北三壁大体的位置，石棚原先的基本形态是三面立支石成壁，上架盖石，形成墓室空间，东面可能没有像其他三壁一样建造由支石构成的墓壁，石棚方向基本朝东略偏南。墓室的每壁均有多块长条形支石组成，用挖坑埋立和内外填筑护土相结合的方法来固定立石，石棚的平面范围大致是南北长2.5、东西宽2.2米，室内高度应在0.6米以上。

由于破坏严重，发掘中无完整器物出土，只是在西北角的小石块堆上出土一件比较完整的原始瓷豆，但也经扰动而有破损。其他在扰乱土层中零乱地出土较多原始瓷残片，这些残碎片能拼对成4件可复原的原始瓷器物，器形分别为豆、盅式碗和盂。从出土现象分析，这些遗物原先均应是石棚墓中的随葬品，故作为采集品给予编号登记。

原始瓷豆　1件。

M2：采1，残，可复原。敞口，盘壁斜直，外撇矮圈足，内壁斜向口沿与腹壁之间有明显折棱。胎色灰白致密。手制成型，胎壁较厚。除圈足内壁露胎无釉外，内外施釉，釉呈浅褐色。口径12、足径6.8、高4.8厘米。（图二八，1）

原始瓷盅式碗　2件。

M2：采2，残。可复原。敞口，中腹部位微外鼓，下腹斜收，平底略内凹，口沿与腹交接处有明显折棱，沿面有凹线略呈子母口。轮制成型，内底有粗放的轮旋纹。生烧，胎未烧结，釉未玻化发亮。口径8.8、底径4.8、高3厘米。（图二八，2）

M2：采3，残。可复原。口微敞，方唇，腹壁近直，近底处折收，实足略内凹。胎色青灰致密。轮制成型，内底有细密轮旋纹。包括外底在内，内外通体施釉，釉色淡青，釉层薄而匀净，外壁局部有失釉现象。口径9.3、底径5.6、高4.4厘米。（图二八，3）

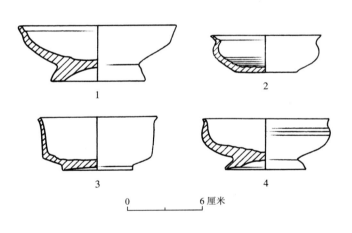

图二八　瑞岙 M2 采集遗物图

1.原始瓷豆 M2：采1　2、3.原始瓷盅式碗 M2：采2、采3　4.原始瓷盂 M2：采4

原始瓷盂　1件。

M2：采4，残，可复原。口微敞，腹部微鼓，外撇矮圈足。生烧，胎呈黄色，釉未显现。手制成型，胎壁较厚。肩部饰有数道刻划弦纹。口径10、足径6、高4.2厘米。（图二八，4）

从以上4件采集遗物的器物造型和胎釉特征情况看，它们并非同一时代遗物，而且时代差距还很大。采1和采4两件应属西周晚期至春秋初期遗物，而采2和采3两件原始瓷器物的年代应该已在春秋中晚期，由此表明该石棚内原先可能有先后形成的两座墓葬，石棚曾经被两次使用。

二　瑞岱 M5

M5 分布在岱石山西山脊低段脊线北侧，南距山脊脊线约 20 米，分布位置较低，地势由南往北略有倾斜，向东上坡方向约 25 米处为 M31。1983 年调查发现时，石棚"已塌毁，盖面平状，形状不规则，已残，残存最大长宽 1.8×1.9 米，厚约 0.7 米，墓底可能挖掘过"。本次发掘前，石棚已遭严重破坏，盖石已被彻底破坏不存。发掘时，石棚遗迹为泥土所覆盖，上面长满茅草，仅见几块支石的顶端露出地表 20 厘米左右。清理结果表明，该石棚保存很差，只保存南壁的一部分支石和西壁的一块支石，其余部位支石均被破坏无存。墓底出土一些残留随葬器物。（图二九；彩版四九、五〇）

南壁残长 3 米左右，残留支石 5 块，均是一些不甚规整的宽扁状石板和长条状条石，大小不一，相互紧挨着，之间的空隙用小石块填塞。支石均已倾倒，从东向西其大小和形状分别为：

支石一：长条形支石，向北面墓内倾倒 60°，通长约 80、宽 30、厚 18 厘米。

支石二：宽扁形的石板状支石，已断为两截，下部直立，上部倒伏，通长 80、宽 44、厚 13 厘米。

支石三：宽扁形的石板状支石，向北面墓内倾倒 70°，通长 120、宽 90、厚 10 厘米。

支石四：不规则长条状支石，向北面墓内倾倒 60°，通长 80、宽 30、厚 15 厘米。

支石五：宽扁形的石板状支石，向南面墓外倾倒 60°，通长 120、宽 90厘米，上部厚 14、下部厚 28 厘米。

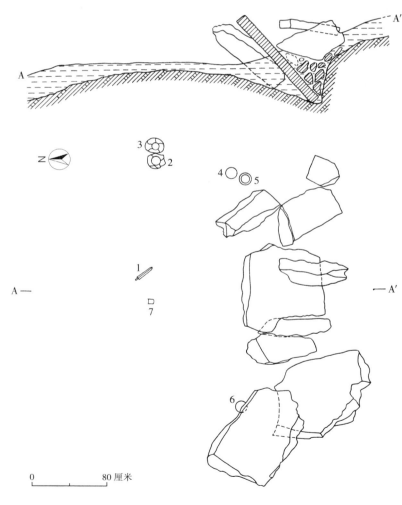

图二九　瑞岱 M5 平剖面图

1.青铜短剑　2、3.印纹硬陶罐　4.原始瓷豆　5.夹砂陶釜　6.硬陶豆　7.青铜锸

西壁残留支石 1 块，靠近南壁处，系宽扁形的石板状支石，向东面墓内倾倒 70°，通长 120、宽 70、厚 12 厘米。

从残存的南壁和西壁支石中我们观察到，原先构成石棚墓室的墙体，均是由多块板状或条状支石组成。当时在营建石棚墓室时，针对山体高低不平、不易立石的情况，这些支石均是采用在山体上挖槽或挖坑埋立的方法来固定，支石埋入地下的深度不一，一般在 40 厘米左右，最深的达 60 厘米。支石埋入坑或槽内后，再用较小的石块夹泥土填实加固，部分支石外侧用较大的石块支衬顶住，然后再堆筑一些护土，以保证竖立支石的稳固性。同时在室内也填筑相应的护土，既起到内外加固支石的作用，也利于墓室内的平整和使用。填土系红褐色沙土。由于石棚墓所处山地岩面高低不平，所以室内填筑的土层厚薄不一，中间一般厚仅 10 厘米，靠近南壁处则增厚至 30 余厘米。在这一墓底填土面上共出土随葬器物 7 件。

依据出土遗物的分布位置分析，现存 3 米长的南壁可能并非原先的实际长度，往东可能还有一部分已遭破坏，原始长度应该在 3 米以上。由于西壁仅留一块支石，东壁或北壁支石全部破坏未留遗迹，因此，原先石棚的平面形状与大小已不清楚。至于墓室高度，南壁保留的 5 块支石中，有 2 块长度均是 120 厘米，而西壁仅存的一块支石长度正好也是 120 厘米，这些支石原始的长度可能就是如此，如果按照营建时这些支石均有 40 厘米埋入护填土和槽内，那么，可以推算当时石棚室内高度在 0.8 米左右。因此，M5 也是一类三或四面用条状或板状支石组成墓壁支撑盖石、有比较高大地面空间的石棚。

出土残存随葬遗物 7 件，有原始瓷、印纹硬陶、硬陶、夹砂陶和青铜器，器形有豆、罐、釜、短剑、锸。

原始瓷豆　1 件。

M5：4，敞口，折腹弧收，盘腹较深，外撇高圈足把，器物变形，口向一侧歪斜，高低不对称。胎壁厚重，胎色青灰。内外施满釉，圈足内壁无釉露胎。釉呈青绿色，釉层厚而不匀，局部有斑块状凝釉现象。外底有刻划符号。口径 15.4、足径 8.6、高 6.2~7.6 厘米。（图三〇，1；彩版五一，1）

印纹硬陶罐　2 件。

M5：3，残破过甚，不能复原。

M5：2，残，可复原。口微敞，短颈，上腹圆鼓，下腹收敛较甚，平底略内凹。通体拍印粗大的方格纹。口径 10.8、底径 11.2、高 11.8 厘米。（图三〇，2；彩版五一，2）

硬陶豆　1 件。

M5：6，敞口，弧收腹，盘腹较深，喇叭形豆把低矮，内壁口沿与腹壁交接处有折棱。胎体厚重坚硬。内外器表有黑色涂层，黑层涂刷均匀，附着力强，洗刷或重擦一般不易脱去，与一般的泥质黑衣陶不同，但无光泽和明亮感，与瓷釉又有明显区别，习称着黑陶。通体素面无纹饰。口径 11.2、足径 6.2、高 4.8 厘米。（图三〇，3；彩版五一，3）

夹砂陶釜　1 件。

M5：5，敞口，折颈，圆腹，圜底，腹径与口径接近。胎夹细砂，烧成温度低，质地疏松。口径 12.8、腹径 12、高 8 厘米。（图三〇，4）

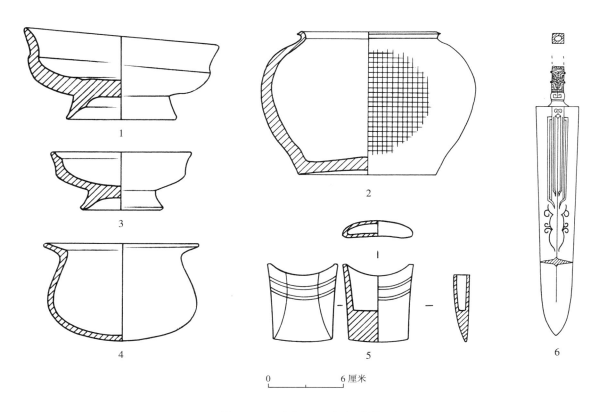

图三〇　瑞岱 M5 出土遗物图

1.原始瓷豆 M5：4　2.印纹硬陶罐 M5：2　3.硬陶豆 M5：6　4.夹砂陶釜 M5：5　5.青铜锸 M5：7　6.青铜短剑 M5：1

青铜短剑　1 件。

M5：1，剑首残缺，体形短小。方形剑茎，内空，边长 1 厘米，接近剑身有一圆凸箍。剑身中起脊，截面呈菱形状。剑茎和剑身均浇铸出较细的阴线花纹。通残长 22、剑身长 19、宽 2~3、厚 0.8 厘米。（图三〇，6；彩版五一，4）

青铜锸　1 件。

M5：7，正面内凹，背面外凸，刃部稍弧。銎口内凹，呈宽扁的椭圆形，长径 5、短径 1、深约 3 厘米。靠近銎口部位有两组弦纹，每组两条。长 6.5、宽 4.8~5.6 厘米。（图三〇，5；彩版五一，5）

根据出土遗物，可判定 M5 的时代在西周晚期至春秋初期。

三　瑞岱 M6

M6 分布于岱石山西山脊中段偏下的脊线北侧山坡，南距山脊脊线 4 米，东南面 3 米处为 M7，东北面约 8 米处为 M30。1983 年瑞安市文物馆调查时，保存还"比较完整，盖石面较平滑，但形状不大规则，最大长宽 2.8×2.4 米，厚 0.5 米。四周垫石基本未遭破坏，岩下空隙明显"。但至本次发掘时，石棚已破坏殆尽，盖石彻底被毁无存，地面略有隆起，只有一块不大的支石顶部露出地表约 30 厘米。

经发掘清理，表层土中夹杂有大量石棚被破坏时形成的以及村民开垦种植时抛积的小石块。石棚除盖石已不存之外，支石也基本荡然无存。只东南角残留一块长条形支石，而且其上部也已被打断残缺，该支石通残长 60、宽 35、厚 30 厘米。由于石棚破坏严重，遗迹保留太少，故该石棚的形制结构和范围大小都不清楚。根据残留的一块支石，可以判断 M6 的基本形制也是三或四面用条状或板状支石支撑盖石、有地面室内空间的一类石棚，并非是"不用石条作支石（撑石）承支盖石，而是在墓室的三面（左、右、后）用较小的块石垒成墙体来承架盖石"[1]的那类石棚。

在石棚范围的扰土层中出土不少陶瓷器碎片，有原始瓷、印纹硬陶和硬陶，无完整器。可辨器形中有直口矮圈足、施釉甚厚、腹部以上至口沿饰有数道凹弦纹、外底部有刻划符号的原始瓷豆或碗；拍印叶脉纹和折线纹的印纹硬陶罐；肩部堆贴竖泥条和"S"纹的直口短颈硬陶筒形罐等。其中有一片原始瓷罐的残片，釉色很深近黑色，肩部堆贴纹饰除横向"S"纹外还有蚕纹。（彩版五二）

根据这些陶瓷碎片，基本可判定 M6 的时代在西周晚期至春秋初期。

四　瑞岱 M8

M8 分布于岱石山西山脊中段偏下处的脊线上，其西北面为 M6 和 M7，北面为 M30，相距皆为 8 米左右。1983 年调查发现时，盖石还"比较完整，盖石扁平，但后端已被开掉部分，残存长宽 2.6×2 米，厚约 0.7 米"。本次发掘时，石棚盖石不存，也未见明显的支石残留。原先石棚位置上是一向南凸出的低矮小土堆，土堆实际上是村民开垦种植时抛积乱石形成的乱石堆，堆积厚度南部 0.5、北部 0.2 米。（彩版五三）

清除乱石堆后，仅见一块残留的长条形支石，其他支石均已破坏不见。所留的一块支石上部也已遭敲砸残断，支石向南倾斜。由于支石残留不多，该石棚的形制结构和规模大小已不清楚。根据残留的一块长条形支石，可以判断 M8 的基本形制也是用多块条状支石构成三或四面墓壁支撑盖石、盖石下有地面空间的一类石棚。

在表面扰乱土中出土一些陶瓷器碎片，原先应系石棚内遗物。经拼对，其中有 2 件可以复原，一件为原始瓷筒形罐，一件为硬陶豆。

原始瓷筒形罐　1 件。

M8：采 1，可复原。小口微侈，折肩，直筒形深腹，下腹微鼓，平底。灰白色胎。施满釉，釉层较厚，釉色

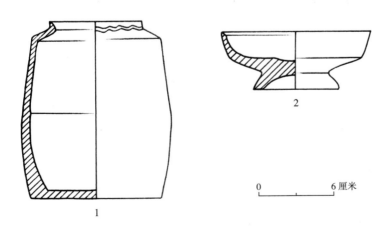

0　　　　　　6 厘米

图三一　瑞岱 M8 采集遗物图

1. 原始瓷筒形罐 M8：采 1　2. 硬陶豆 M8：采 2

---

[1] 俞天舒：《瑞安石棚墓初探》，《东南文化》1994 年第 5 期。

青绿。颈部饰有水波纹。口径 7.4、底径 10.4、高 14.6 厘米。（图三一，1）

硬陶豆 1 件。

M8：采 2，敞口，斜直折腹，豆盘内底宽平，喇叭形矮圈足把。胎壁厚重，质地较坚硬。口径 12、足径 6.8、高 4.8 厘米。（图三一，2）

根据以上采集遗物，基本可以判定 M8 的时代在西周晚期至春秋初期。

五 瑞岱 M10

M10 所处地段已在岱石山西山脊中段位置，未分布在山脊脊线上，而是偏向北侧山坡。其朝西的下坡约 10 米处原是 M9 分布位置，M9 发掘前已被彻底破坏。1983 年调查发现时，石棚"已塌毁，盖石斜靠在山坡上，形状较扁平，现最大长宽 2.3×2.1 米"。本次发掘前，盖石尚存，可能是由于其石质不佳，敲砸极易粉碎，形成不了块状石材，不好取用，才得以幸存。石棚所在处有上下两层台地，盖石向下层台地滑落，斜靠于上下两层台地之间的断坎处。盖石周围未见其他倒塌支石等明显的地面迹象。残存的盖石大体呈不规则长方形，显得很扁薄，最长 280、最宽 206、厚 20~30 厘米。盖石上面较平整，中部略厚，底面稍有内凹，开采痕迹十分明显。（彩版五四，1）

移开盖石清理，下面未见倒塌的大块条状或板状支石，只在南边见一道用小块石铺成的东西向石壁。石壁是由十多块小石块单层铺成，石块均很小，不规则，长 10~30 厘米，石壁残长 150 厘米左右，高仅 15~20 厘米（图三二；彩版五四，2；彩版五五，1）。石壁显得比较整齐，平面高低一致，比较平整，显然是为了放置盖石而有意砌成。此道石壁外侧也分布有一些大小不一的石块，石块排列时断时续，不成规律。在此道石壁的西端，有一块平面呈椭圆形的较大石块，厚约 18~20 厘米，面上显得很平，与南壁处在同一水平面上，应是有意放置的，两者可以构成互有联系的南壁和西壁。北边和东边未见石壁迹象，从现场情况看，应已被耕种破坏。这样，根据残留遗迹可以判断，大盖石之下原为一个低矮的浅坑，坑口用石块铺设，只是东、北两边坑壁已不存，浅坑大部分已遭破坏。从残迹看，浅坑不大，长约 1.5 米，宽 1 米稍余，基本呈东西向，方向 320°。这种墓室的形制结构与其他用竖立支石加盖石构成墓室空间的石棚具有明显的不同。

坑内残留范围很小，已填满红褐色淤积土，清理未发现任何遗物，底部未见任何铺设，直接为生土。在清理盖石滑落方向的下坡扰乱土层中出土 3 件遗物的残片，一件是青铜矛，一件是原始瓷盂，一件是硬陶盂。这几件遗物原先都应是 M10 墓内的随葬品。

青铜矛残件 1 件。

M10：采 1，矛的前半部和銎的后半部已残缺，器表呈灰黑色，出土时大部分光滑无锈，边缘部分略有锈蚀。銎断面呈椭圆形，两侧和上下各有一条凸棱。矛身断面呈扁菱形。通体残长 9 厘米。（图三三；彩版五五，2）

原始瓷盂残片 1 件。

M10：采 2，浅腹，喇叭形浅圈足。灰胎，质较细，火候高。内面满釉，外壁施釉至下腹，圈足无釉。外底部有二横一竖的刻划符号。足径 5.2 厘米。

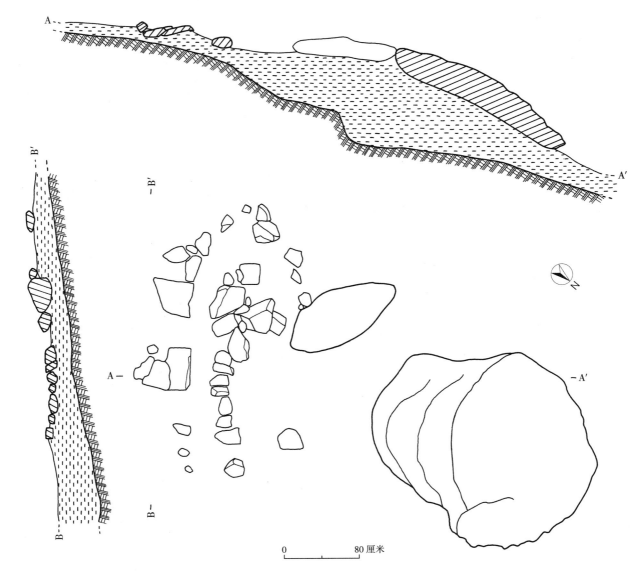

图三二　瑞岱 M10 平剖面图

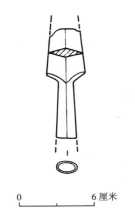

图三三　瑞岱 M10 采集
青铜矛残件 M10：采1

硬陶盂残片　1件。

M10：采3，浅腹，圈足。胎淡黄灰色，火候不高，质较软。复原高4、足径6厘米。

根据以上这些出土遗物，基本可以判定 M10 的时代在西周晚期至春秋初期。

六　瑞岱 M11

M11 位在 M10 之上坡，偏于岱石山西山脊脊线之南。1983年调查发现时，盖石部分尚存，但"已塌毁，盖石表面较平滑，形状不规则，已残，残存长宽 2×1.6 米，厚约 0.6 米"。本次发掘时盖石已破坏不存，地面上散布有很多石棚被破坏后留下的碎石块，其中有一块已完全倒伏的长条状支石显露于地面。（彩版五六，1）

经过清理，石棚仅见一块支石残留，而且已平躺在地面上，墓底遗迹和范围保存也不明显（彩版五六，2）。残存支石呈长条形，通残长80、宽40、厚20厘米。由于破坏严重，原先石棚范围已不清楚。从残留的支石情况看，M11原先的基本形制也应是三或四面用多块条状和板状支石构成墓壁支撑盖石、有比较高大地面空间的一类石棚。

清理时，在石棚被破坏后的扰乱土中，出土1件完整的原始瓷盂，原先应是墓内随葬品。

M11：采1，敞口，折肩，弧收腹，外撇圈足。胎壁较厚，内外施满釉，外底部无釉露胎。釉层较厚，釉色青绿。肩部满饰斜向篦点纹，并对称贴饰横"S"纹一对。口径6.2、足径5、高4厘米。（图三四）

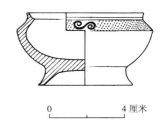

0　　　　4厘米

根据这件出土遗物，基本可以判定M11的时代在西周晚期至春秋初期。

图三四　瑞岱M11采集
原始瓷盂M11：采1

七　瑞岱M13

M13分布在岱石山西山脊中段偏上位置，偏向山脊脊线南侧，向北约10米为M11，向东北20余米为M14。1983年调查发现时，盖石保存，但"已塌毁，盖石扁平，形状不规则，已残，残存长宽2×1.6米，厚约0.5米"。本次发掘时，盖石已破坏无存，朝下坡的西面尚有一块扁长的大石块侧立在地面上，朝上坡的北侧地面上散布有一些石棚被破坏后的乱石块。（彩版五七，1）

经清理发现，地面上侧立着的一块大石原系石棚支石，保存基本完整，而其他部位支石已全部被破坏（图三五；彩版五七，2）。保存的一块巨型支石基本呈长方形，直接侧立于岩石面上，甚厚，长170、高90、厚40~50厘米。这块大石显得比较规整，厚薄基本一致，虽表面略显粗糙，凹凸不平，但支撑盖石的上侧整齐平整。从清理迹象看，这块侧立的大石应是原先石棚的西壁，表明西壁可能是由独块扁长巨石侧立而成。与之对应的东侧虽未见支石残留，但在高低不平的岩石面上，南头可见一段宽阔凹槽，凹槽底部比较平齐，应系人工凿成，可能是为了在高低不平的岩面上摆立支石所为；而在与其同一条直线的东北端有几块平置的小石块，可能当时用于垫支壁石。由此基本可确定原先石棚的东壁位置，而且从这些迹象判断，东壁原先可能也只是用一整块长方形大石侧立而成。由于原先岩面南

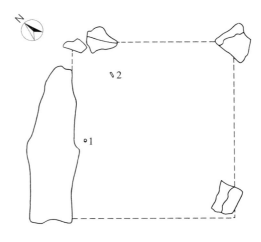

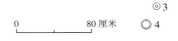

0　　　　80厘米

图三五　瑞岱M13平面图
1.陶纺轮　2.石锛　3.原始瓷盂　4.原始瓷豆

北高低不平，采用的壁石下部也凹凸不整齐，故分别采取凿槽和垫石的办法来将其摆放平整和稳固。因此，根据残留的西壁立石和东壁的立石遗迹情况，基本可以判定该石棚原先的东西两壁支石都是由独块大型长方石侧立而成，其上架盖石，形制结构上与其他石棚每壁由多块支石紧密排立构成的形式不同，很有特点。其南侧和北侧都没有保存明显的支石迹象。按照遗迹的认定范围，墓室平面接近方形，边长近 2 米，石棚呈西南面下坡，方向 220°。依据保存的西壁支石高度，原先石棚内高 0.9 米左右。石棚直接起建于岩面上，墓底系原始岩面，略呈北高南低的倾斜状，前后落差约 0.2 米。

　　在石棚范围内的扰土和石棚下坡侧的堆土中，出土完整和基本完整的原始瓷豆和盂各 1 件、石锛和陶纺轮各 1 件，另外还有不少印纹硬陶器的残碎片，这些都应是 M13 被破坏后散乱的遗物。

　　原始瓷豆　1 件。

　　M13：采 4，折敛口，深斜腹，喇叭形矮把。胎较粗疏，内外施茶绿色釉，但因烧成温度不高，大部分釉已脱落。口沿外壁和内底均饰有较粗的弦纹。口径 11、足径 5、高 5.4 厘米。（图三六，1；彩版五八，1）

　　原始瓷盂　1 件。

　　M13：采 3，敛口近直，折腹，喇叭形矮圈足，腹较深，体形较小。胎色灰白，胎壁较厚。内外施釉，釉呈青绿色，釉层不匀，有凝釉现象。口外壁饰三道粗弦纹。口径 8、足径 4.8、高 5 厘米。（图三六，2；彩版五八，2）

　　陶纺轮　1 件。

　　M13：采 1，算珠式，中心有直径 0.5 厘米的穿孔。泥质灰黑陶，质地甚软。通体施细密弦纹。直径 3.2、高 2 厘米。（图三六，3；彩版五八，3）

　　石锛　1 件。

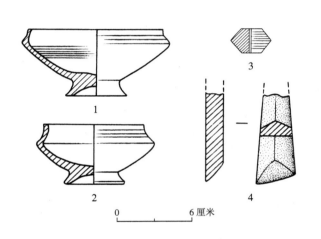

图三六　瑞岱 M13 采集遗物图

1. 原始瓷豆 M13：采 4　2. 原始瓷盂 M13：采 3　3. 陶纺轮 M13：采 1　4. 石锛 M13：采 2

　　M13：采 2，略残。体小而薄，呈长条形，一面平整，一面中间高厚呈两面坡状，断面呈三角形，单面斜刃。残长 6.5~7.5、宽 1.8~3、厚 1.4 厘米。（图三六，4；彩版五八，4）

　　根据这些出土遗物，可以判断 M13 的时代在西周晚期至春秋初期。

八　瑞岱 M14

　　M14 分布在岱石山西山脊脊线小径之南侧，紧靠小径，所处位置已在山脊中段以上，东距山顶约 70 米，其东南面为 M19，西南和西面分别为 M13 与 M11。1983 年调查发现时，盖石保存，但"已塌毁，盖石平厚，略呈方形，残存最大长宽 2.1×2 米，厚约 0.7 米"。本次发掘时，M14 所在之处系一高隆的小土堆，土堆高于周围地面 30~60 厘米，土堆上覆盖一层石屑，表面长满茅草。在土堆一侧的边缘，有 2 块已残断的石棚支石暴露于地面。（彩版

五九，1）

经清理发现，土堆表面覆盖的石屑层厚约 5 厘米，其下为厚约 20 厘米的乱石层，乱石层下系疏软的淡黄色山土，土厚约 30 厘米，此层土下即为基岩（彩版五九，2）。从堆积情况分析，表面的石屑层和其下的乱石层均应是石棚破坏后之堆积，而乱石层下厚约 30 厘米的疏软淡黄色土层可能系原始的石棚底部。石棚破坏严重，仅存一侧墓壁的三块支石，且也已遭破坏残断，其他盖石和支石均被破坏而荡然无存。所存支石呈长条状或板状，排列紧密。从这仅存的三块支石情况看，M14 的墓壁支石直接建立在基岩上，支石底端已触及基岩，没有发现明显的挖槽埋立现象，当时应该是用内外填筑护土的方法来固定支石的。由于保存很差，石棚的平面形制和大小已难确定，但根据残留的三块支石紧密排列互相紧挨的情况可以知道，原先石棚的每一壁支石均是由多块长条或长方板状石块组成。

地表无遗物发现，在乱石层中发现一些残碎的原始瓷片和印纹硬陶片，可辨器形有原始瓷豆与印纹硬陶罐等，所见印纹硬陶的拍印纹饰为折线纹。乱石层虽是石棚被破坏后形成的堆积，但其中的包含物基本可判断为被扰乱破坏的石棚随葬品。

根据残碎遗物，大体可以判定 M14 的时代在西周晚期至春秋初期。

九　瑞岱 M17

M17 位于岱石山西山脊接近山顶位置，分布地势相对较高。石棚分布在山脊脊线北侧约 6 米处，东北方向距 M18 约 8 米，向南面下坡约 20 米为 M19 所在。1983 年调查发现时，盖石保存，但"已塌毁，盖石形不规则，残存长宽 2.3×1.6 米，厚约 0.5 米，墓底可能已被挖掘过"。本次发掘时，石棚已遭严重破坏，地面上既无盖石，也不见支石，只有一个土石堆。土石堆直径约 2 米，高出地面约 0.6 米。

经清理发现，土石堆主要为大量的细碎石块与石屑，明显系石棚被破坏后形成的堆积。清理完这些泥石和周围约 20 厘米厚的表土层之后，也未见遗存的石棚支石，说明石棚支石也已被彻底破坏，荡然无存。但在底部的岩石面上，却见到一层平铺的石片或石块，这些石块由大小不一的板状片石或砾石组成，石块普遍较小，形状也不规整，但整体铺设平整，分布范围也较为整齐（图三七，彩版六○）。其残存范围长约 2 米，宽约 0.6~0.8 米，石层厚 0.1~0.2 米。在这一铺石面的东侧边缘，还发现 3 件遗物，其中有 2 件出土在铺石面上。根据铺石面和遗物出土情况，可以判定这一铺石面应是当时人工有意铺设的石棚墓底，也就是说，此石棚在构建和埋葬时是用板状石片和砾石来铺垫墓底的，显得比较讲究，而出土的 3 件遗物应是原先石棚墓内的随葬品。从残留迹象看，这一铺石墓底显然也经过破坏，现存范围并非完全是当时墓底范围，石棚内原始平面范围应大于现见铺石面。另外，在墓底铺石面的四周也有许多大小不一的小石块，对照其他石棚情况，这些小石块可能系当时石棚支石外侧的支衬石。

出土的 3 件随葬器物均系原始瓷豆，分别编为 M17 : 1~3。其中 1、2 号器物出在东部铺石面上，可能未经扰动。而 3 号器物出于 1 号器物之东南 0.3 米处，其下无铺石，此处或经扰乱。

M17 : 1，口沿略残。口微敛，深弧腹，外撇矮圈足把。灰白色胎，胎质细腻坚致。内壁满釉，

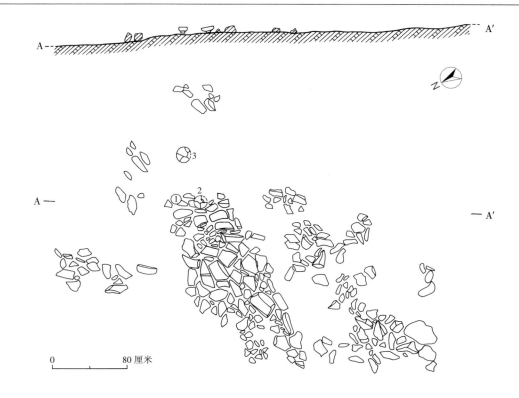

图三七　瑞岱 M17 平剖面图

1.原始瓷豆　2.原始瓷豆　3.原始瓷豆

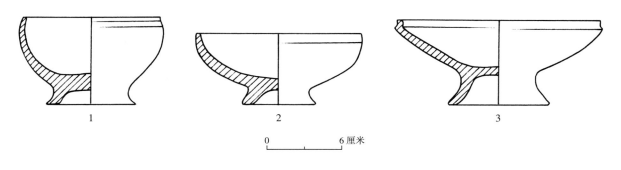

图三八　瑞岱 M17 出土遗物图

1~3.原始瓷豆 M17：1~3

外壁施釉不及底，釉色青中泛黄，釉层厚而不匀，失釉和脱釉现象较严重。外壁口下饰两道粗深的弦纹。口径 11、足径 7.1、高 7.2 厘米。（图三八，1；彩版六一，1）

　　M17：2，残。直口，弧收腹，外撇圈足把小而低矮。青灰色胎，胎质致密坚硬。内壁满釉，外壁施釉不及底，釉色青中泛黄，釉层厚而不匀，失釉和脱釉现象严重。口径 13.2、足径 5.8、高 5.9 厘米。（图三八，2；彩版六一，2）

　　M17：3，体形较大。折敛口，浅斜腹，喇叭形圈足把较高。灰白色胎，胎质细腻坚致。内壁满釉，外壁施釉不及底，釉呈青绿色，釉层厚薄较匀，无脱釉和失釉现象。口径 16.5、足径 8.2、高 7 厘米。（图三八，3；彩版六一，3）

根据以上出土遗物，可以判断 M17 的时代在西周中期前后。

十 瑞岱 M19

M19 位于岱石山西山脊接近山顶的脊线南侧约 15 米处，分布地势相对较高，北距 M18 约 20 米，西距 M13 约 30 米。1983 年调查发现时，盖石尚存，石棚整体保存"比较完整，盖石形状扁平，较规则，最大长宽 2.4×2.5 米，厚约 0.4 米"。本次发掘前，盖石不见，地面上堆满了村民早年开荒种植时积聚起来的小石块，形成一个基本呈圆形的土石堆，直径约 4 米，高 0.6 米左右。土石堆西面可见几块支石的顶端暴露于表面。（彩版六二）

清理发现，该石棚盖石已破坏无存，但保存有东、西、北三壁支石，这些支石除上端大部分有不同程度的破坏残断外，下部保存较好，只是有倾倒现象，形制结构和平面大小基本保存完整，是此次岱石山发掘中保存较好的一座石棚。（图三九；彩版六三）

石棚东、西、北三面均有用多块支石紧密排立而成的石壁，支石呈长条或长方形，均未经精细加工。墓室平面呈东西向长方形，规模不大，东西长 2 米，南北宽 1.3 米左右。每壁支石的内外侧均填筑较厚的泥土用以固定。由于石棚所处地势东高西低，原先石棚可能曾向

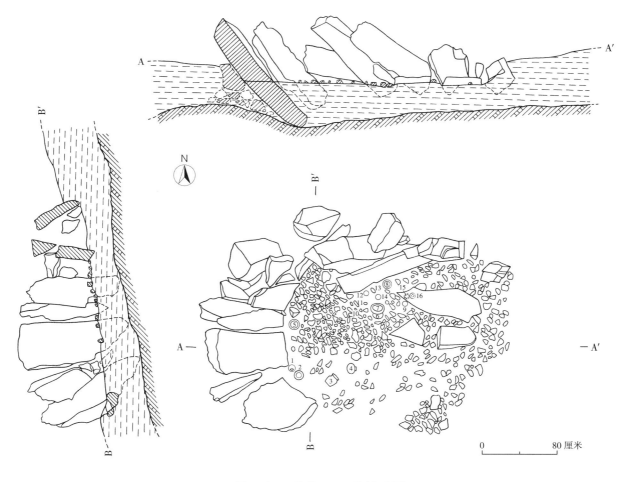

图三九 瑞岱 M19 平剖面图

1、16. 原始瓷碟 2、8、9、15. 原始瓷盂 3. 硬陶罐 4、6. 硬陶豆 5、7. 硬陶盂 10. 小扁石 11~14. 石球

西边下坡处倾倒。清理时，三面支石均向下坡方向的西面倾斜，其中处于上坡面的东壁由于地势较高，支石外护土又易流失，加之原先室内有空间，因此，东壁支石已完全向西平倒于墓室底面，并直接压住墓底随葬器物。北壁和西壁支石亦略向西面下坡方向墓室外倾斜，但没有完全倒平。（彩版六四、六五）

处于下坡面的西壁支石保存最好，基本直立而略向下坡外倾，支石多较完整。其中靠南头的一块最大，基本呈长方形板状，中间宽，两端稍窄，通长 138、宽 20~50、厚 14~24 厘米，其中埋入墓底填土下约 50 厘米，高出墓底 88 厘米。中间的一块也系长方形板状石块，通长140、宽 38~44、厚 22 厘米，其中埋入墓底填土下 50 厘米，高出墓底 90 厘米。与北壁连接的靠北头一块为长条形支石，通残长 120、宽 28~34、厚 18 厘米，其中埋入墓底填土下 45 厘米，高出墓底 75 厘米。

北壁支石也向西面下坡倾斜。其中西端的一块支石横倒侧立，呈长方形，长 70、宽34、厚 10 厘米，四面显得平整光滑。中间的两块支石大致相同，基本呈长方形，一块通长110、宽 28~30、厚 20 厘米，其中埋入墓底填土下约 20 厘米，高出墓底 90 厘米；另一块通长 110、宽 32、厚 20 厘米，其中埋入墓底填土下约 20 厘米，高出墓底 90 厘米，四面也显得较为平直。东端的一块支石已遭破坏，上部残断，通残长 60、宽 20~34、厚 22 厘米，其中埋入墓底填土下约 15 厘米，高出墓底 45 厘米。

处于上坡面的东壁支石破坏较多，有的已完全断裂平倒于室内，当时埋入填筑护土下的支石下部仍然直立着。断倒支石中前面的两块较小，倒向墓中心的一块长 38、宽 30、厚10 厘米，略呈三角形；边上的一块长 38、宽 18~20、厚 10 厘米，呈长方形；后面的一块长80、宽 18~35、厚 6~8 厘米，下面直接压住 15 号和 16 号两件墓底器物。

南面没有看到支石，也未见被扰乱破坏的支石残迹，可能构筑石棚时，南面就没有用支石建立墓壁。这种迹象在保存较好的 M24、M27、M33 石棚中同样可以看到，说明这应该是构筑石棚时有意留设的，应该是墓门。由此，M19 的墓门是开在长边的南面，墓向朝南，也朝下坡。

室内堆满泥土，上部较杂较松，伴有大量小石块，下部较纯较实。在清理至 85 厘米深处，出现用一层卵石铺设的墓底平面，所铺卵石大小不一，除西南角分布较稀疏外，其余部位排列都很紧密。卵石面上分布有一组共 16 件随葬器物，卵石层下是 30~50 厘米厚的熟土层，再下是高低不平的生土岩基。东、西、北三面墓壁支石均始立于岩基上，说明卵石面以下的熟土层就是营建石棚时为固定墓壁立石而有意填筑的护土，同时也使墓底平整，便于埋葬使用。而现存器物和卵石面以上所堆积的 85 厘米左右厚的泥土，则应是石棚倒塌破坏后形成的堆积。上坡面东壁向墓内倒塌的支石直接压住墓底随葬器物的现象，则是我们认定覆盖在器物面以上堆积土是石棚倒塌后形成的最有说服力的野外证据。由此可以肯定，器物面以上原来应是空的，当时埋葬后没有在随葬器物上填土覆盖。根据保存较好的西壁和北壁支石情况，可知原先墓室空间高度至少可达 0.9 米。石棚原貌应是三面有支石组成的墓壁，上架盖石，室内有比较高大的空间。

经对墓壁支石外侧填筑的护土进行解剖，其厚度与室内底部填筑的土层基本相当，最厚处为 50 厘米左右，而且支石根部还有小块支衬石。经过解剖还可清楚地看到，当时建造石棚时，在去尽很薄的表土至岩基后，根据高低不平的原始山坡地面，使用高度不同的支石来构筑墓壁，在高的地方立矮一点的支石，在低的地方立高一点的支石，以此来达到全部支石上端的齐平，利于在支石上覆盖盖石，使每块支石都起到支撑住盖石的作用。

石棚内出土随葬器物 16 件，均置于墓底卵石面上，主要分布在西半部。器物中有原始瓷、硬陶和石器，器形有豆、罐、盂、碟和石球等，大多完整。出土时，器物大部分平置，也有倒置和互相叠压现象，其中 15 号和 16 号器物被倒向室内的上坡面东壁支石直接压住。

原始瓷共 6 件，器形有盂和碟。

原始瓷盂　4 件。

M19 : 2，体形较小。直口，折腹，圈足低矮足壁陡直，腹部较浅。灰白色胎略显疏松。除圈足外，内外施釉，釉层厚，釉色青绿，有凝釉现象。口径 6.6、足径 4.8、高 3.8 厘米。（图四〇，1；彩版六六，1）

M19 : 8，直口折腹，外撇矮圈足，腹甚浅。灰白色胎。除圈足外，内外施釉，釉层较匀，釉呈青绿色。肩部饰三道弦纹。口径 8、足径 6、高 3.2 厘米。（图四〇，2；彩版六六，2）

M19 : 15，直口折腹，圈足较高而略外撇，腹部较浅。灰白色胎，胎壁厚重。圈足不施釉，口腹部内外施釉，釉色青绿。肩部施三道细弦纹，并基本等距离贴饰三只横"S"纹。口径 7.6、足径 5.4、高 3.6 厘米。（图四〇，3；彩版六六，3）

M19 : 9，器形与上三件差异较大。直口，折肩，腹壁陡直，平底，形状接近直筒形罐。灰白色胎，胎壁厚重。内外施釉，外底不着釉，釉色青绿。肩部基本等距离贴饰横"S"纹三只。口径 5.4、足径 5.2、高 3.6 厘米。（图四〇，4；彩版六六，4）

原始瓷碟　2 件。

M19 : 1，宽平沿，斜收腹，外撇矮圈足，腹甚浅，沿面和腹壁交接处有明显的折棱。灰白色胎，胎壁厚重。内壁施满釉，外壁施釉不及底，釉色青绿，大部分釉层已剥落。宽平沿上等距离贴饰三只横"S"纹，其中一只已脱落。口径 7.8、足径 3.8、高 2.4 厘米。（图四〇，5；彩版六六，5）

M19 : 16，器形和胎釉特征与 M19 : 1 基本相同，但腹较深，圈足高而较直。宽平沿上等距离贴饰三只横"S"纹，外底部有刻划符号。口径 7.4、足径 4.6、高 2.6 厘米。（图四〇，6；彩版六六，6）

硬陶共 5 件。这些硬陶器物烧成温度较高，胎体坚硬程度与印纹硬陶相差无几，只是没有饰拍印纹饰，所见纹饰均系简单的刻划纹或堆贴。除外底外，内外器表均通体施有一层无光泽的黑色涂层，俗称着黑陶。器形有豆、罐和盂。

硬陶豆　2 件。

M19 : 4，着黑陶。敞口，斜腹，喇叭形圈足把，沿面和腹壁交接处有明显的折棱。口径 12.2、足径 6、高 4.4 厘米。（图四〇，7；彩版六七，1）

M19 : 6，着黑陶。敞口，折腹斜收，喇叭形圈足把，内壁斜沿和腹壁交接处有明显的折棱。口沿上饰有细密的弦纹。口径 11.2、足径 5.6、高 4.2 厘米。（图四〇，8；彩版六七，2）

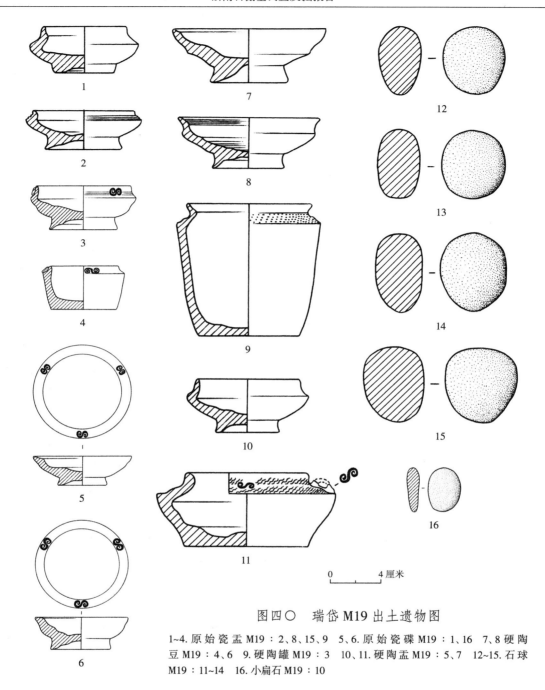

图四〇　瑞岙 M19 出土遗物图

1~4. 原始瓷盅 M19：2、8、15、9　5、6. 原始瓷碟 M19：1、16　7、8 硬陶豆 M19：4、6　9. 硬陶罐 M19：3　10、11. 硬陶盅 M19：5、7　12~15. 石球 M19：11~14　16. 小扁石 M19：10

硬陶罐　1件。

M19：3，着黑陶。筒形罐，敞口，短颈，折肩，基本呈直筒形深腹，平底。肩部饰以斜向排列的篦点纹。口径 9.8、底径 8、高 11 厘米。（图四〇，9；彩版六七，3）

硬陶盅　2件。

M19：5，着黑陶。直口，折腹斜收，外撇圈足，素面。口径 8.2、足径 5、高 4.4 厘米。（图四〇，10；彩版六七，4）

M19：7，着黑陶。口微敞，折腹斜收，平底。肩部除满饰刻划的短斜水波纹外，两侧原有对称小系一对，系根贴饰"S"纹，出土时两系已断脱。与两系垂直相交的另外两侧各贴饰横"S"纹一只。口径9.6、底径10、高6.1厘米。（图四○，11；彩版六七，5）

石器共5件，器形有石球和小扁石。

石球　4件。集中出在同一位置。平面基本呈圆形，侧面呈椭圆形，色白，表面光滑，大小大体相同。

M19：11，长径5.5、短径5、厚3.4厘米。（图四○，12；彩版六八，1）

M19：12，长径5.6、短径5.2、厚3.5厘米。（图四○，13；彩版六八，2）

M19：13，长径6.4、短径5.3、厚3.9厘米。（图四○，14；彩版六八，3）

M19：14，长径6.1、短径5.8、厚4.9厘米。（图四○，15；彩版六八，4）

小扁石　1件。

M19：10，体形甚小，平面呈椭圆形，断面扁薄，色青灰，表面甚光滑。长径3.6、短径2.6、厚1厘米。（图四○，16；彩版六八，5）

根据石棚内出土遗物，可以判定M19的时代在西周晚期至春秋初期。

十一　瑞岱 M20

M20位于岱石山山顶的山脊以南山坡上，北距山顶约20余米，分布位置地势较高。其东面10余米是M24、30余米是M27。1983年调查发现时，石棚"已塌毁，盖石扁平，残存长宽2.2×1.8米，厚约0.7米"。本次发掘时，盖石已不存，石棚所在处是一块范围约5平方米的土堆，土堆高出周围地面30~70厘米，土堆表面有部分支石的顶端暴露。

清理时发现土堆中含有大量村民开荒时抛积的小石块以及近代的青灰色墓砖、龙泉青瓷片和青花瓷片，由此可以断定，现存地面土堆应该是后期形成，并非石棚封土。清理完土堆后，下面暴露出一批石棚支石，支石保存较好，石棚的形制和范围基本可确定。石棚平面形制呈南北向长方形，保存东、西两面长侧壁，每面壁体均有多块长条形支石组成，其中西侧壁保存基本完整，南北两端未见有支石残留（图四一；彩版六九，1）。石棚平面南北长约2.8米，东西宽1.3米。现存东西两壁支石大多向墓内有不同程度的倾斜，室内填满泥土。

清理发现，西壁保存较好较完整，共由6块支石组成，排列紧密，支石间的缝隙用小长条石填塞（彩版六九，2）。所用支石大多为扁长条石，两面比较平整，经简单加工而成。其形状和大小（按由南向北排列顺序叙述）：

西壁第一块：顶部残断，系扁状条石，通残长80、宽50、厚10~15厘米，现向墓内倾斜50°。

西壁第二块：保存完整，系不规则长条石，通长115、宽34、厚20厘米，现向墓内倾斜60°。

西壁第三块：保存完整，系扁状条石，通长120、宽40、厚10厘米，其根部宽仅20厘米，埋于土中，现向墓内倾斜30°。

西壁第四块：顶部略残，系不规则长条石，通残长100、宽30、厚20厘米，现向墓内倾斜30°。

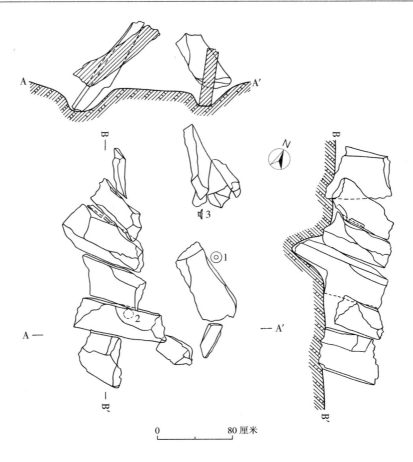

图四一　瑞岙 M20 平剖面图
1、2.原始瓷豆　3.原始瓷盉

西壁第五块：顶部已残，系长条石，通残长 80、宽 25、厚 13 厘米，现向墓内倾斜 30°。

西壁第六块：顶部已残，系扁状条石，通残长 60、宽 45、厚 8 厘米，直立。没有向墓内倾斜。

东壁相对保存稍差，残存的 5 块支石也均呈扁长条，大多遭不同程度破坏，多不完整。其形状和大小分别如下（按由南向北排列顺序叙述）：

东壁第一块：顶部已残，系扁状条石，通残长 50、宽 24、厚 22 厘米，没有向墓内倾倒。

东壁第二块：顶部已残，系扁状条石，通残长 64、宽 40、厚 16 厘米。其根部有 30 厘米埋于土中，没有向墓内倾倒。

东壁第三块：保存基本完整，系扁长条石，通残长 95、宽 37、厚 16 厘米，呈向墓内倒伏状。

东壁第四块：大部分已残缺，通残长仅 30 厘米，宽 30、厚 15 厘米。没有倾倒。

东壁第五块：顶部已残，系扁状条石，通残长 80、宽 40、厚 14 厘米，现向墓内倾斜 30°。

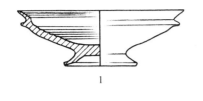 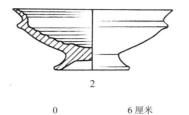 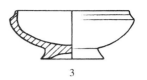

0　　　　6厘米

图四二　瑞岱 M20 出土遗物图

1、2.原始瓷豆 M20：1、2　3.原始瓷盉 M20：3

墓底没有任何铺垫设施，直接为生土，但基本平整。解剖发现，构成石棚墓壁的支石，一部分是用在生土面上挖坑埋入的方法来直立固定，埋入深 30~40 厘米；一部分则直接立在生土面上，用内外两侧堆筑护土的方法来固定。从保存支石情况看，石棚原始室内高度在 0.9 米左右。

东西两壁之间的墓室也为后期形成的土堆所覆盖，室内填满泥土。室内填土自上至下出土有宋代的龙泉窑青瓷香炉残片和近现代青灰色墓砖，说明此填土也系后期扰乱破坏时形成。填土中出土原始瓷器 3 件，这些遗物应是残留的随葬品，只是出土在不同位置和不同深度，有的已经过扰乱。其中 1 号器物出土在东壁南起第三块支石外侧填土表层，显然系扰乱所致。2 号器物被压于西壁南起第二块支石下，距墓底约 20 厘米。3 号器物出土在东壁南起第四块支石的边上，出土深度已接近墓底，这件器物可能未经扰乱，出土位置应是其原始位置。

出土的 3 件原始瓷器，器形有豆和盉。

原始瓷豆　2 件。器形完全相同，大小略有差异。敞口，宽斜沿，折腹斜收，喇叭形圈足把较高。灰白色胎，胎壁较薄但坚致。内外施釉，釉层极薄，釉色青中泛黄，釉层基本脱尽。口沿上和内壁均饰有较密集的弦纹。

M20：1，残。口径 13.5、足径 6、高 4.6 厘米（图四二，1；彩版七〇，1）。

M20：2，略残。口径 12.8、足径 6、高 5 厘米。（图四二，2；彩版七〇，2）

原始瓷盉　1 件。

M20：3，略残。直口，折肩弧收腹，外撇矮圈足。青灰色胎，胎质略显粗疏。除圈足外，内外施釉，釉色青绿，有脱釉现象。口径 9、足径 5、高 4 厘米。（图四二，3；彩版七〇，3）

根据出土的遗物，可以判定 M20 的时代在西周中期。

十二　瑞岱 M21

M21 位于岱石山接近山顶的东北坡，所在位置地势较高，但较平缓。除与上坡面的 M22 较近外，与其他石棚均相距较远。1983 年调查发现时，"已塌毁，盖石表面较平滑，形呈长条形，残存长宽 2.8×1.7 米，厚约 0.85 米"。本次发掘前，石棚已遭比较严重的破坏，又由于以往村民在石棚周围开荒平整土地，石棚处已成为一略微高出周围地面的土石堆，土石堆表面是大量石棚遭破坏后留下的以及村民开荒抛积的碎石块，上面长满茅草。盖石已破坏不存，但

有几块支石的上半部暴露在表面，有的斜立着，有的则已倒伏。（彩版七一，1）

　　清理发现，石棚只残留西壁和北壁的一部分支石，东壁和南壁均不见有支石留存（图四三，彩版七一，2）。西、北两壁都是由多块长条或长方形板状支石直立组成，两壁均残长1.8米左右，平面形状不清，其中西壁残存4块支石，北壁残存3块支石，支石排列紧密。从清理情况观察，构成石棚墓壁的支石，采用在生土上挖基槽埋入再填土的办法来加以固定。现存支石大小和高低不一，其中西壁（由南向北）：

　　第一块支石：系扁长条石，向墓内倾倒，通残长110、宽25~32、厚12~18厘米；

　　第二块支石：系扁薄的长方形板状支石，向墓内倾倒，通残长116、宽40~60、厚16~20厘米；

　　第三块支石：也系扁薄的长方形板状支石，基本直立，通长近140、宽40~50、厚22~26厘米，这是该石棚遗迹中保存最长的一块支石，这块支石下端有20厘米左右一段挖槽埋入生土层，上端整齐平直，可能未遭过破坏，应是其原始长度。

石棚内出土有上下两层器物，下层器物直接置放在生土面上，器物下没有任何铺垫，可知当时石棚建造好后没有再在生土面上铺筑填土，墓底即是生土面。再加之完整且直立着的支石

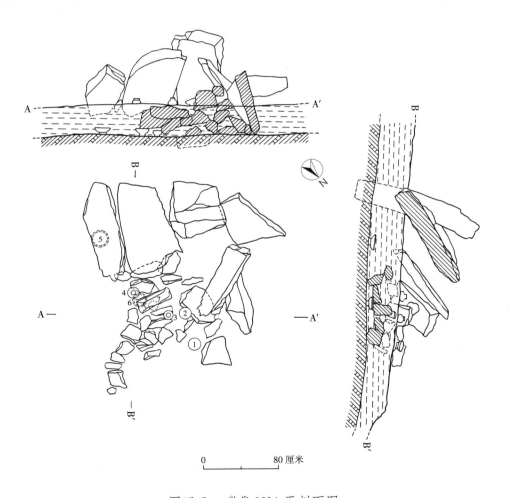

图四三　瑞岱 M21 平剖面图

1. 原始瓷豆　2. 原始瓷碟　3、4. 原始瓷盂　5. 原始瓷豆　6. 原始瓷豆　7. 原始瓷豆

情况，可知这座石棚最初的室内空间高度可接近 1.2 米，是比较高大的一座石棚墓。

在残存的石棚范围内，发现上下叠压的两层器物，其中上层 4 件，下层 3 件，由于石棚东南部已遭破坏，因此，推测这些器物并非原先之全部。上层 4 件器物在去掉表土后就开始暴露出来，其出土位置较高，距离墓底还有 30~40 厘米（彩版七二，1）。在器物分布的平面上铺垫有大量石块，石块大小不一，铺垫并不严密，表面也不甚平整。这四件器物放置在块石层上，显得比较分散。器物均系原始瓷，时代面貌一致，出土时皆完整，其中 1 号豆和 2 号碟器口朝上正放，3 号和 4 号盂器口朝下倒置。清理该层器物和以下的块石与泥土层后，在墓底又出现一层器物，共 3 件原始瓷器（彩版七二，2）。这三件器物基本直接放置在墓底比较平整的生土面上，与上层器物间隔距离 30~40 厘米，即下层器物被间隔叠压在上层器物之下，两层器物之间填筑的间隔层由大量石块和少量泥土组成（彩版七二，3）。三件器物全为原始瓷豆，时代面貌也相一致，出土时也都完整，全部器口朝上正放，没有倒置现象。将上下两层出土器物进行比较观察，从器物造型和胎釉特征上都具有比较明显的差异，显然并非同一时期之遗物，表明该石棚曾经过两次埋葬利用。在第二次利用时，应是先在原先石棚空间内填筑上一层土石，将此前已存在的随葬器物覆盖后再进行埋葬的。

另外，在石棚外侧的表土中清理出 1 件已破碎但可复原的原始瓷豆，从器形和胎釉特征看，与石棚内出土的下层器物面貌相同，应是石棚遭破坏时被扰乱到室外的。发掘时作采集品处理。

上层出土器物 4 件，均系原始瓷，器形有豆、碟和盂。

豆　1 件。

M21 上：1，直口微敛，直腹，豆盘较浅，外撇圈足把。胎灰白坚致，内壁满釉，外壁施釉不及底，釉层较厚，釉色青绿，有凝釉和脱釉现象。外壁口下饰有密集的细弦纹，外底有刻划符号。口径 13、足径 7.4、高 4.8 厘米。（图四四，1；彩版七三，1）

碟　1 件。

M21 上：2，敞口，宽平沿，斜收腹，腹甚浅，外撇圈足低矮粗大，口腹交界处有明显折棱。灰白色胎较粗厚。内壁施满釉，外壁釉不及底，釉色较深，呈酱褐色，釉层厚而不匀，有比较严重的脱釉现象。沿面上饰有细密的弦纹。口径 13.1、足径 8.2、高 4 厘米。（图四四，2；彩版七三，2）

盂　2 件。形制不同。

M21 上：3，敛口，扁圆腹，外撇矮圈足。灰白色胎比较厚重，除圈足内壁外，内外施满釉，釉色青中泛黄，釉层厚而不匀，有凝釉现象，但脱釉现象基本不见。外壁口下饰有细密的弦纹，外底有两直（横）条状刻划符号。口径 8.2、足径 5.5、高 4.8 厘米。（图四四，3；彩版七三，3）

M21 上：4，直口，折腹斜收，外撇矮圈足。灰白色胎比较厚重，内壁满釉，外壁施釉不及底，釉色较深呈酱褐色，外壁近圈足部位有明显的挂釉现象，基本无脱釉。肩部在两组双线弦纹之间饰密集的斜向篦点纹，并基本等距离贴饰三只横 "S" 纹，外底有刻划符号。口径 8.2、足径 7、高 4.4 厘米。（图四四，4；彩版七四，1）

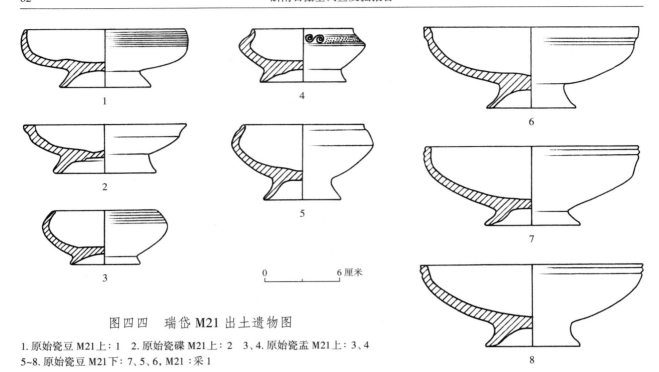

图四四　瑞岱 M21 出土遗物图

1. 原始瓷豆 M21 上：1　2. 原始瓷碟 M21 上：2　3、4. 原始瓷盉 M21 上：3、4
5~8. 原始瓷豆 M21 下：7、5、6，M21：采 1

下层器物 3 件，均系原始瓷，器形全为豆。

M21 下：5，体形大，直口微敞，平沿，深腹弧收，喇叭形高圈足把。有一定程度的生烧现象，釉未完全烧出玻化，釉呈黄色，釉层脱落现象十分严重。外壁口下有两道浅细的弦纹。口径 17.4、足径 7.4、高 6.6 厘米。（图四四，6；彩版七四，2）

M21 下：6，造型和胎釉特征与 5 号器物基本一致，形体大，直口，平沿，深腹弧收，喇叭形高圈足把。有一定程度的生烧现象，釉未完全烧出玻化，釉呈黄色，釉层脱落现象十分严重。外壁口下有两道粗深的弦纹。口径 17、足径 7.6、高 6.6 厘米。（图四四，7；彩版七四，3）

M21 下：7，敛口，深腹，喇叭形圈足把较高。包括圈足内壁内外通体施釉，但因有一定程度生烧现象，釉未完全烧出玻化，釉呈黄色。外壁口旁有一道粗深的弦纹。口径 9.8、足径 6.2、高 6.2 厘米。（图四四，5；彩版七四，4）

另外，从石棚外围表土层中采集 1 件原始瓷豆 M21：采 1，其体形大小、造型和胎釉特征与下层器物中的 6 号器物基本相同，也有一定程度生烧。口径 17.8、足径 7.6、高 6.8 厘米。（图四四，8）

根据出土遗物的造型和胎釉特征，可以判断 M21 上、下两层墓葬具有一定的年代差异，上层墓葬的年代在西周晚期至春秋初期，下层墓葬的年代在西周中期稍晚。

十三　瑞岱 M22

M22 位于岱石山山顶以东山脊线北侧约 20 米，分布位置较高，其西面距 M21 仅 3 米。1983 年调查发现时，石棚"已塌毁，盖石已被开掉，残存部分不大，但甚厚。此外，墓地现尚存二块垫石"。本次发掘前，石棚处已夷为平地，原先还残留的一部分盖石已完全破坏不存，但两块残存的大支石仍直立在地面上。（彩版七五，1）

经过清理，石棚只残存两块支石，其他均被破坏不存（图四五；彩版七五，2）。从分布情况看，两块支石原先应是石棚北壁支石的一部分。两块支石都是甚为宽大厚实的长方形板状石，形状不甚规整。其中西侧一块保存比较完整，通长 130、宽 100~120、厚约 35 厘米，埋入墓底填筑土下约 30 厘米，高出墓底填筑土约 100 厘米。支石上端大部分比较整齐平直，应是它的原貌，但东边一角明显曾遭打砸破坏。东侧的一块通残长 116、宽 70~90、厚 30~40 厘米，埋入墓底填筑土下约 20 厘米，高出墓底填筑土约 96 厘米。从遗迹看，两块支石没有在生土层上挖槽埋立，

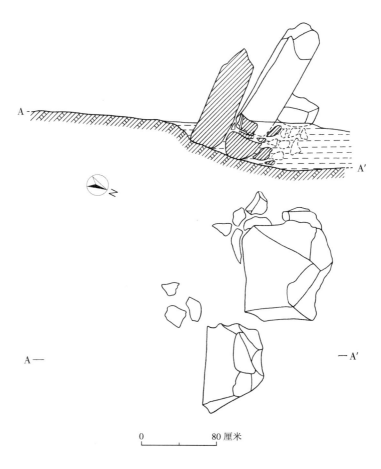

图四五　瑞岱 M22 平剖面图

而是直接侧立于岩基上，内外填筑 20~30 厘米的护土，填土前用较小的块石支衬。现存两块支石均略向外倾斜，两块支石构成的一段墓壁长约 2.1 米。

此石棚虽破坏严重，其平面形状和范围大小已难以确定，但从残留的支石情况可以知道，构成石棚墓室的每面壁体是由多块板状或条状支石紧密排立组成，立支石没有采用在生土或岩基上挖槽埋入的方法，而是采用直接在岩基上竖立放置，于外侧底部加支衬石再内外填筑一定厚度护土进行加固的方式。从残留的两块支石情况看，此石棚原先比较高大，室内长在 2.1 米以上，室内空间高度可达 1 米左右。

清理过程中未发现任何遗物，故石棚的年代无依据判断。

十四　瑞岱 M23

M23 位于岱石山顶部东侧，所处地势较高，北距山脊脊线约 5 米，东西分别与 M24 和 M20 相邻。1983 年调查发现时，石棚"已塌毁，盖石已残，现状略呈三角形，现最大长宽 2.5×2 米，中部厚突，约 0.6 米"。本次发掘前，盖石仍有一部分保存，残存的盖石紧贴地面呈斜卧状，形状不大规整（彩版七六）。盖石西头压在一块高出周围地面 25 厘米左右的岩石上，东头则斜插于地面之下，部分石面为一层很薄的土层所覆盖，石下未见支石（图四六；彩版

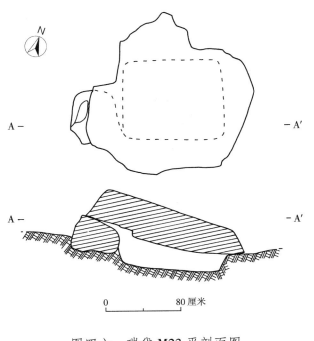

图四六　瑞岱 M23 平剖面图

七七）。压在盖石上的泥土中含有近现代的青灰色碎砖块，由此可见这些泥土当系近现代所形成。盖石四周地面基本平坦。残存盖石略呈三角形，最长和最宽处均为 175 厘米，厚 40 厘米，表面和背面均比较平坦。盖石周围未见倒塌的支石。

移开盖石清理发现，盖石下不见坍塌的支石，但有一个东西长约 1.1、南北宽约 0.9 米的长方形小土坑，土坑内虽已填满泥土，但与四周已风化或尚未风化的生土岩基坑壁可明显区别。土坑深 0.2~0.4 米，西头深，东头浅，估计东头坑壁可能是由于边壁坍塌而降低。坑壁和坑底均未作任何加固和铺垫，直接为基本已风化的岩基，西头尚垫支着盖石的大石块也系山体尚未风化的基岩。坑底基本平坦，由西向东略微倾斜。坑内填土土质细软，在清理中未见有任何随葬品遗留，但在土坑的东南角底部发现一小段尚未完全腐烂的朽骨。朽骨长 1 厘米，骨壁较厚，应是人骨，可能是腓骨或胫骨的一部分。

根据清理迹象可知，M23 没有用竖立的支石构成的墓壁，而是直接在生土岩基上挖掘一个土坑形成墓室，然后进行埋葬，埋葬后直接用大盖石压盖在坑口上，墓室空间不但位于地面以下，而且范围极其低矮狭小。它的形状结构与其他大多数石棚不同，与 M10 相类似。

由于未有遗物出土，M23 的年代无依据判断。

十五　瑞岱 M24

M24 位于岱石山山顶偏东约 25 米处，所处地势较高，其东面 20 余米为 M27。1983 年调查发现时，石棚"已塌毁，盖石斜靠在山坡，现状呈三角形，表面较平，现最大长宽 2.5×2 米"。本次发掘前，盖石尚存，但显然也遭过一定破坏，可能是因石质不佳的原因才使其未被彻底破坏。石棚所在近山顶的位置是一片比较宽阔的山坪，山坪南北长 10 米，东西宽 6 米左右，其东、西、南三面高出周围 1~2 米，形成三面断坎，M24 分布在山坪的北侧。（彩版七八，1）

石棚已完全倒塌，盖石随着支石的倒塌而完全坍落在地面上，整个石棚遗迹高出地面60~70 厘米。现存盖石略呈扁平状的长方形，形状不规整，最长 200、宽 150 厘米，厚薄不一，高低不平，最厚处 50 厘米左右，表面比较平整，里面内凹，其周围也有许多被敲砸过的痕迹，明显已遭到一定程度的破坏，现存部分并非其完整的原貌（图四七；彩版七八，2；彩版七九；彩版八〇，1）。盖石下面压着众多倒塌的支石，从支石倒塌情况看，石棚是由地势较高的北面上坡向地势较低的南面下坡倾倒，现存盖石北侧落地，完全压在倒向室内的北壁支石上，南侧则还有尚未完全倒塌而略向外倾的南壁支石支撑着，盖石呈南高北低的倾

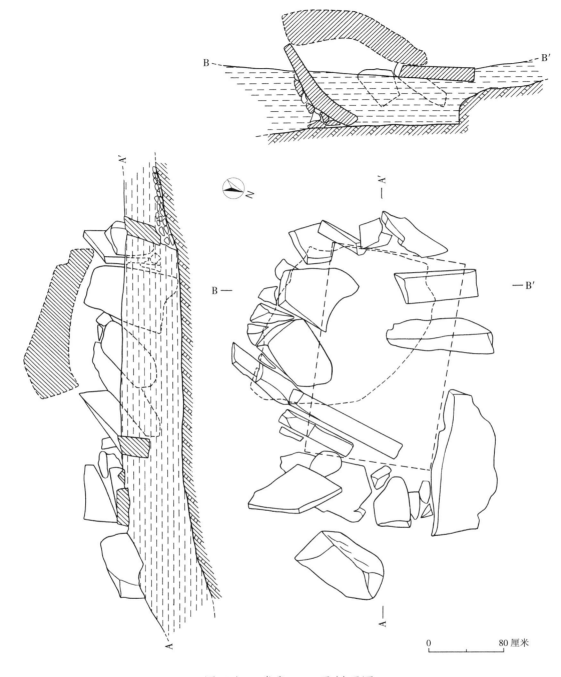

图四七　瑞岱 M24 平剖面图

斜状态。由于盖石南侧尚为支石所支撑而没有完全落地（尽管这些支石可能也已遭不同程度的破坏残断），且内面略有内凹，因此，从地面上由南向石棚内部望去，还可看到中心部位盖石之下尚有高 0.15~0.35 米的墓室空间，有一些小块石和青灰砖等晚期遗物松散杂乱地堆积在里面。这些遗物显然并非石棚内原物，应是早年村民在石棚遗迹周围开垦种地时向石棚室内抛入的。

移开盖石清理，从残留的支石情况可以看出，原先石棚墓室的平面范围不大，基本呈东西向长方形，室内长 2.3、宽 1.3 米左右，西、南、北三面都有用支石构立的墓壁，朝东一面则没有支石，应为有意设立的墓门，墓向朝东（彩版八〇，2；彩版八一~八三）。构成石棚墓室的西、南、北三面墓壁，都是用多块扁长条或长方形板状支石紧密排立而成，这些支石大多直接起立于生土面上，用内外填筑护土的办法来固定，少量较长的支石则是先在生土面上挖一浅槽，将支石下端埋入浅槽内，内外再填筑护土。支石大多不甚规整，支石与支石之间的缝隙用小块石填塞。由于石棚所在处地势略呈北高南低，故现存北壁支石外侧填筑护土相对较薄（厚 20~30 厘米），而南壁支石外侧填筑护土相对较厚（厚 50~60 厘米），且在填筑护土前还支衬了一些大小不一的石块，使直立的支石不会向下坡外倾，显得更为牢固。在于支石外侧填筑护土的同时，支石内侧室内底部也一起填筑护土，填土厚达 50~60 厘米，基本与外侧护土齐平，这种做法一方面是保护和加固支石的需要，另一方面也使室内形成一个便于埋葬使用的平整底面。室内外填筑的护土呈红褐色，土质单纯，颗粒较细，夹有少量小石块。

野外清理时观察到，压在盖石下的上坡面北壁支石是连根拔起平倒在室内平整的红褐色填土面上，由此可以判断这一平整的红褐色填土面应为当时的墓底，填土面以上应是倒塌前石棚所具有的墓室空间。西、南两壁支石均向南面下坡方向略有倾斜，部分支石已被破坏残断，根据北壁保存完好的长条形支石，可知原先石棚室内高度在 0.8 米左右。

石棚内未发现任何完整遗物，只在室内扰乱土中出土有少量商周时期刻划粗弦纹的硬陶片、拍印斜方格与大方格纹的印纹硬陶片以及拍印有斜方格纹的原始瓷片。在石棚外围的扰乱土中，也采集到原始瓷的敛口豆残片和拍印折线纹的印纹硬陶罐残片。这些出土遗物的器形、胎釉和纹饰都具西周晚期至春秋初期的时代特征，应该是石棚墓内随葬品被扰乱破坏所致。

根据扰乱土中采集到的器物残碎片情况，基本可以判定 M24 的时代在西周晚期至春秋初期。

十六　瑞岱 M25

M25 分布在岱石山西山脊中段的脊线上，分布位置较低，地势比较平缓。1983 年调查发现时，石棚"已塌毁，盖石较平，但已残，残存长 1.8×1.5 米，厚约 0.5 米，墓底可能已被挖掘过"。本次发掘时，不但已无盖石保留，也不见有支石残留。现存地面上是一个椭圆形的土石堆，土石堆长 5.5、宽 3.8、高出地面 0.8 米，上面堆满村民开荒时抛积的小石块，土石堆中间挖有一个直径 50、深 35 厘米的小坑。（彩版八四）

经清理，土石堆除表面泥土较多外，自上至下基本全为敲砸大石块后留下的碎石片或碎石屑，结构也比较松散，显然是石棚被破坏时形成的堆积，表面少量的石块和泥土则应是村民开荒整地时抛积所致。土石堆中和底部都没有发现残存的石棚支石与其他遗迹，说明此石棚已遭彻底破坏。

在土石堆清理至 40 厘米左右深时，于土石堆中心偏南 40 厘米左右处，首先出土 1 件基本完整的硬陶三足小鼎和几块原始瓷碎片，再往下清理 10 多厘米，又相继发现 6 件完整或基本完整的器物，其中原始瓷盂 1 件、原始瓷罐 2 件、硬陶豆 1 件、泥质陶纺轮 2 件。这些遗物均出土在结构松散的扰乱堆积中，而非土石堆下的生土面上，出土位置高低不一，或有残缺，或有倒置和倾倒现象，遗物的时代面貌一致，当系该石棚的遗物被破坏扰乱。遗物作采集品处理。

采集遗物共 7 件，有原始瓷、硬陶和泥质陶。

原始瓷器 3 件，器形有盂和罐。

原始瓷盂　1 件。

M25：采 2，直口，折腹斜收，外撇矮圈足。灰白色胎，除外底部外，内外通体施釉，釉呈青绿色，釉层基本全部脱落。口径 8、足径 5、高 4.5 厘米。（图四八，1；彩版八五，1）

原始瓷罐　2 件。

M25：采 5，口略残。直口微敞，肩部有突脊，深腹，腹壁陡直呈直筒状，平底。灰白色胎，胎质较粗厚。除外底部外，内外施满釉，釉色青绿，流釉现象严重。口径 8.5、底径 6、高 9.5 厘米。（图四八，2；彩版八五，2）

M25：采 4，器形基本同上件，但体形较低矮，除外底部外，内外施满釉，釉层厚薄均匀，釉色较深呈褐色。口径 9、底径 7.4、高 6.5 厘米。（图四八，3；彩版八五，3）

硬陶器 2 件，器形有豆和鼎。

硬陶豆　1 件。

M25：采 3，口略残。一侧坍塌变形，有高低。敞口，盘壁折收，外撇圈足把。内外器表通体施有一层无光泽的黑色涂层，圈足内壁可见施这一黑色涂层时形成的流挂现象，系习称的着黑陶。口径 11.5、足径 6.5、高 4.2~5.5 厘米。（图四八，4；彩版八五，4）

硬陶小鼎　1 件。

M25：采 1，口略残。体形较小。敞口，折颈，扁腹，圜底，三乳状矮足。除外底外，

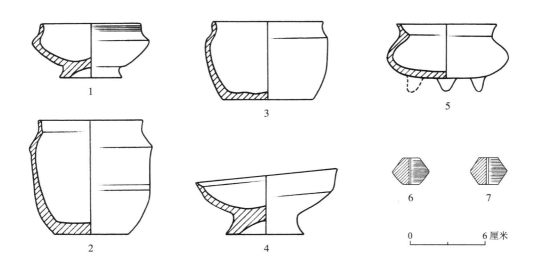

图四八　瑞岱 M25 采集遗物图

1.原始瓷盂 M25：采 2　2、3.原始瓷罐 M25：采 5、4　4.硬陶豆 M25：采 3　5.硬陶小鼎 M25：采 1　6、7.泥质陶纺轮 M25：采 6、7

内外器表均施有无光泽黑色涂层，系着黑陶。口径 8、腹径 9.4、通高 5.5 厘米。（图四八，5；彩版八五，5）

泥质陶器 2 件，器形均为纺轮。

M25：采 6、M25：采 7，器形相同，大小一致。算珠式纺轮，中有圆孔，饰细密弦纹。最大直径 3、高 2.2 厘米。（图四八，6、7；彩版八五，6、7）

根据采集遗物，基本可以判定 M25 的时代在西周晚期至春秋初期。

十七 瑞岱 M27

M27 位于岱石山山顶以东约 50 米的山脊脊线上，所处地势较高。其西面约 25 米处即为保存尚可的 M24。石棚所在地段比较平缓，在石棚附近是一段长 20 多米、宽 5 米左右、高出周围地面约 2 米的高埠。高埠上半部为褐红色风化沙土，表面曾经耕种，早已荒废，现长满茅草和荆棘，表面松散地堆积有大量小块石片和砾石，还有不少残碎的青灰色砖块和近现代的瓷片。高埠的下半部是已基本风化的软岩层。（彩版八六，1）

这座石棚系本次发掘中新发现。1983 年瑞安市文物馆对岱石山石棚作调查时，主要根据石棚盖石的保存与否来进行认定和编号登记，而该石棚当时盖石已被破坏不存，因此未予认定记录。这次发掘时，发现凸起的土埠上虽茅草和荆棘丛生，但有直立的石块明显地暴露于表面，可以判定为残存的石棚支石，此处原先应该有一座石棚存在。询问当地老农得知，在他们的记忆中，原先此处确有一座石棚，石棚盖石长约 3~4、宽 2~3、厚 0.5 米左右，盖石下三面有壁，一面无壁敞开，里面有 0.7~0.8 米高的空间，人可躬身进出，当地人们对它最通俗的称呼是"仙人桥"。在世间积善行德的人们去世之后，可经过"仙人桥"羽化成仙奔向天国，因而此外形的石构建筑一定程度上也成了当地人心目中一种区别阴阳两界的标志，体现了传统中国人"天人合一"思想在现今的延续。据了解，大概在 20 世纪五六十年代，还断断续续地有人到这座石棚来烧香求仙。发掘时从石棚内发现的很多灰黑色灰烬和 2 件直筒形青花瓷香炉都印证了长辈们的记忆。因此，根据这些遗迹和线索，本次予以发掘清理并最终得以确认。

清理掉茅草和荆棘后发现 4 块基本南北向侧立、且两两相对的支石暴露于石片和砾石层上，基本明确了此石棚的原始范围。其中西北角的支石高出石片和砾石层达 40 厘米，而东南角的支石呈残损的尖状，东北角和西南角的支石只高出周围石片和砾石 10~20 厘米。这些支石均高低不平，形状不甚规整，显然已遭打砸破坏，据群众反映都是近些年上山造现代坟的村民所为。由于在石片和砾石层中夹杂有不少残碎的青灰色砖块、子弹壳和近现代陶瓷片，可以判断此表面之石片和砾石堆积当系近现代破坏石棚以及村民开荒种地时抛积形成。而石棚范围内原先的空间也为泥石所覆盖。

石棚内堆积的泥土结构松散，清理出土民国时期直筒形的青花瓷香炉 2 件和铜币 1 枚，其中一件青花瓷香炉的无釉外底上，墨书有"先母李氏安人生于光绪辛未十二月初五日酉时，卒于民国丙寅年五月十九日"字样（彩版八九，1）。这些晚期遗物之下，还发现一个直径 0.3~0.4、深约 0.4 米的土坑，坑内堆积有厚达几十厘米的黑灰土，结合当地传说，此坑和坑内堆积当系近现代人长期在此烧香焚纸形成，表明该石棚确经近现代人的利用和扰乱。

从清理结果看，M27 的东、西、北三面都有多块直立支石构成的壁体，且用内外填筑护土的办法来固定支石。尽管每面壁体的支石上端多已遭受不同程度的打砸破坏，但大多支石相对保存比较好，壁体保存完整，虽北壁向内倾倒较大，但东、西两壁支石大体都保持直立的原貌（图四九；彩版八六，2；彩版八七）。石棚除了上面巨大的盖石已破坏不存之外，形制结构和平面范围都明确清楚，是本次岱石山石棚发掘中保存最好的一座石棚遗迹。其中东壁支石 2 块，均为宽阔扁薄的板状石块，排列紧密，支石均通残长 130、宽 60~70、厚 20~30 厘米，埋入填筑护土下近 60 厘米，高出墓底填土面 70 厘米，两块支石均略向内倾（彩版八八，1）。西壁支石也是 2 块，同样是宽阔扁薄的长方形板状石块紧密排立而成，其中靠北一块较大而完整，通长 140、宽 70、厚 20~30 厘米，埋入填筑护土下 60 厘米，高出墓底填土面 80 厘米，现向墓外倾斜约 20°（彩版八八，2）；靠南的一块破坏受损严重，显得低矮而不规整。北壁共有四块支石组成，支石均呈不规则的长条状，排列不甚紧密，较大空

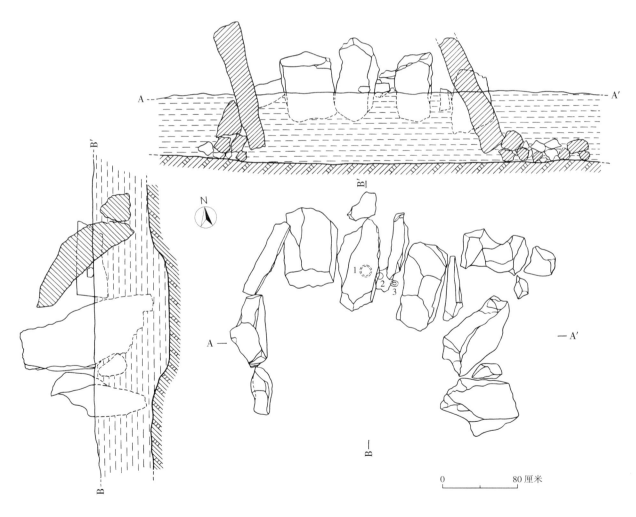

图四九　瑞岱 M27 平剖面图

1.原始瓷盂　2.硬陶钵　3.硬陶豆

隙处用小块条石填塞。这四块支石取材粗糙，形状也不规整，着地的下端尖平不一，高度相似，均通高 120 厘米左右，掩埋相对较浅，现向墓内倾倒较甚，约 45° 左右。发掘中，在与北壁相对的南面，始终未见一块较大的可做支石的石块，也不见原先支石被破坏残断的痕迹，似乎并非后期破坏的结果，而是一种客观实际。这一明显的野外迹象，是我们判定石棚结构的原始状态只是三面立支石建壁的考古学依据，而未建墓壁的一面应是有意留出的墓门。此类迹象在 M19、M24、M33 中也有同样显示，但此石棚反映最为明确。因此，M27 的形制结构应该是盖石下三面有壁、一面洞开的状态，其墓向朝南。

通过解剖了解到，M27 营建时，三壁支石均没有采用在地面上挖基槽埋立的办法，而是在高低不平的山地上直接竖立，再在支石下部内外侧同时填筑大量护土来固定。内外填筑的护土均为褐红色沙性土，内外厚度略有差异，其中室内填土较厚，最厚处达 80 厘米，这一填土厚度已基本达到支石的一半高度。支石下部外侧在填筑护土前还用较小的块石进行了支衬，内侧则没有这种做法，而是全部填筑泥土。石棚平面呈东西向长方形，室内长 2.3、宽 1.8 米，高度在 0.8 米左右。石棚底部为红褐色填土面，未作其他铺垫。

室内出土 3 件遗物，分别为原始瓷的盂和硬陶的豆与钵。这三件器物均出现在墓底红褐色填土面上，处在同一平面，集中分布于紧靠北壁的部位，出土时均被向室内倾倒的北壁支石直接压着，可见这三件器物原来就放在填土面上，位置应未经扰动（彩版八八，3）。可能也就因为被倾倒支石压住的原因，三件器物才得以保存。这一现象既说明填土面即为当时石棚底面，又说明北壁支石倾倒之前，石棚内填土面以上应该是原先未经填土的石棚空间。由于后期扰乱严重，在靠近墓门的偏南部位无完整器物保存下来，仅见到几块可以拼合成同一件原始瓷豆的碎片。据此我们也可进一步判断，在后人来此烧香求仙之前，石棚的北壁可能就已经向室内倾斜并压住三件器物了。

出土器物情况如下：

原始瓷盂　1 件。

M27：1，口腹近直，平底，底略大于口，体形低矮，器高小于口径与底径。灰白色胎，胎质坚致。除外底部外，内外施釉，釉色青绿。外壁饰有三组刻划水波纹，口两侧原先似有小系，现已断脱。口径 6.7、底径 7、高 4.2 厘米。（图五〇，1；彩版八九，2）

硬陶豆　1 件。

M27：3，直口，折腹弧收，喇叭形圈足把。胎质坚硬致密，包括圈足内壁在内，内外通体涂施无光泽黑层，系着黑陶。肩部基本等距离贴饰三只横 "S" 纹。口径 10.6、足径 7.6、高 4.8 厘米。（图五〇，2；彩版八九，3）

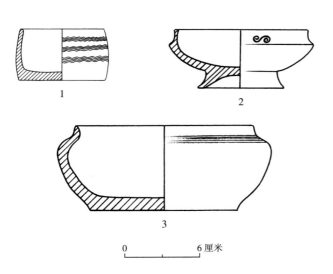

图五〇　瑞岙 M27 出土遗物图

1. 原始瓷盂 M27：1　2. 硬陶豆 M27：3　3. 硬陶钵 M27：2

硬陶钵　1件。

M27：2，口部略残，直口，圆肩，缓收腹，平底，器高小于口径和底径，体态宽扁。青灰色胎，质地坚硬，器表不施黑层。肩部饰多道细密的刻划弦纹。口径 14.5、底径 12、高 7 厘米。（图五〇，3；彩版八九，4）

根据出土遗物的造型和胎釉特征，可以判定 M27 的时代在西周晚期至春秋初期。

十八　瑞岱 M28

M28 是本次发掘时新发现的石棚，1983 年瑞安市文物馆调查时因盖石已被破坏而未予确认登记。该石棚分布在岱石山西山脊接近山脚处的山脊上，位于山脊最低段，分布地势很低，其东 10 米为 M29、东南 30 余米为 M2。

石棚保存较差，盖石破坏无存，地面上残留有 3 块高近 1 米而不成形状的大块石，这三块大石基本构成东西和南北向的一个转角，块石周围地面堆积有不少石块碎屑，完全是一种石棚被打砸破坏后的状态（彩版九〇，1）。经过清理，可以确认暴露在地面上的 3 块大石应该是石棚被破坏后残留的支石，是原石棚东壁和北壁支石的一部分（彩版九〇，2）。在残留支石的西南侧，即石棚内侧接近生土的地面上，出土器物 2 件，这就更加证实了此系石棚遗迹的判断。（图五一）

清理结果表明，该石棚在构筑上独具特点，其所用于构筑石棚墓壁的支石并非像多数石棚那样是长条或长方石，而是底部面积很大的大块石。这些大块石形状很不规整，极其宽厚，因其不需任何加固措施便能稳固地自立于地面，因此建造时既不在生土上挖立石基槽，也不在立石下部的内外侧填筑很厚的护土进行加固，更不在立石外侧支衬小石

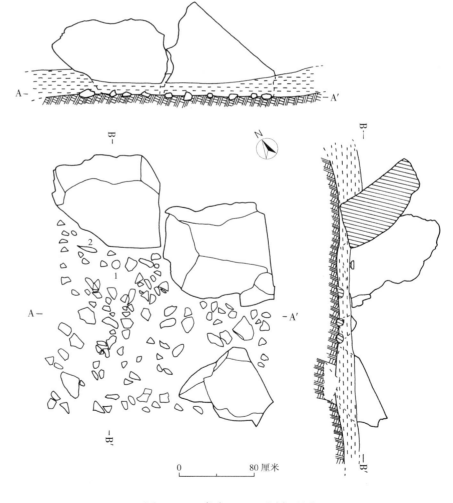

图五一　瑞岱 M28 平剖面图

1. 原始瓷豆　2. 石棒

块，而只是将大块石直接平置于地面上便构建出石棚墓壁，然后上架巨大盖石，石棚即成。岱石山所见石棚用此方法构筑者仅此一例。

现存残迹是北壁支石两块和东壁支石一块。北壁两块支石排列紧密，靠西一块甚为宽大，长 100、宽 60~120、厚 50 厘米，略向外倾斜；靠东一块局部遭毁坏，呈不规则状，上尖下宽，长 110、基部宽 120、厚 70~80 厘米。东壁的一块支石大部被毁，很不规则，现存长 90、宽 80、厚 30 厘米，向南倾倒。石棚东西残长约 2.4 米，南北残宽约 1.9 米余。根据支石保存长度，可推测原先石棚室内高度在 0.9 米左右。石棚底部在生土面上有 10 厘米左右的填土，以利墓底平整。填土土质单纯，颗粒较细，呈红褐色。填土面上铺有大小不一的砾石，但铺设并不紧密。

石棚底部卵石面上残留随葬器物 2 件，一件是原始瓷豆，另一件是石棒。两件器物均出土于靠近北壁的地方，出土时完整。另外，在清理表面扰乱土时，采集到被扰乱破坏的原始瓷盂残片。

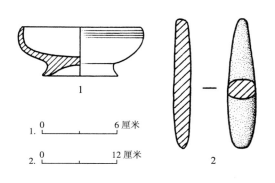

图五二　瑞岱 M28 出土遗物图

1. 原始瓷豆 M28：1　2. 石棒 M28：2

出土器物情况如下：

原始瓷豆　1 件。

M28：1，直口微敛，弧收腹，喇叭形矮把。胎呈灰色，胎壁粗厚。内施满釉，外壁施釉不及底，釉呈青绿色，釉层厚，有凝釉和脱釉现象。外壁口旁饰四道细弦纹。口径 9.5、足径 6、高 3.8 厘米。（图五二，1；彩版九一，1）

石棒　1 件。

M28：2，长条形，上端圆而窄，中间扁而宽，下端也较扁，表面平整，但不光滑。长 21.5、宽 2~5、厚 2~3 厘米。（图五二，2；彩版九一，2）

根据出土器物的时代特征，可以判定 M28 的时代在西周晚期至春秋初期。

十九　瑞岱 M29

M29 是本次发掘时新发现的石棚遗迹，1983 年瑞安市文物馆调查时因盖石已被破坏而未予确认登记。石棚位于岱石山西山脊最低段的山脊脊线北侧山坡，分布地势很低，其西为 M28、东南面为 M2 和 M34。发掘前，地面上基本没有明显的隆起现象，仅有 2 块已遭打砸破坏过的支石之顶部显露于山地表面。

清理结果表明，该石棚破坏严重，除盖石不存外，墓壁也仅存南壁的两块和西壁的一块支石，其他已遭破坏无存，石棚的平面范围已不完整（图五三；彩版九二，1）。残留的支石上端高低不平，有破碎现象，明显也遭过打砸破坏，并非其原貌。

地表堆积有一层厚约 20 厘米左右的小块乱石与石片，显然系敲砸破坏石棚时形成。乱石下为松软的山地表土层，厚约 20 厘米。清理完表土层后，在现存支石以北即暴露一层小砾石。小砾石系单层分布，密集平整，且仅见于石棚范围内，在此砾石层上还出土 4 件遗物，

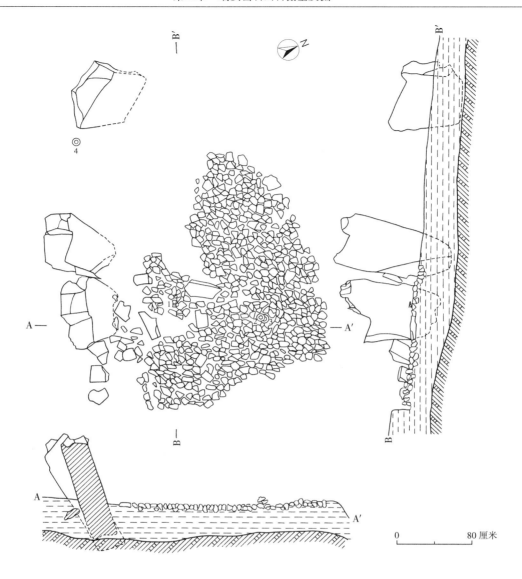

图五三　瑞岱 M29 平剖面图

1.青铜镢　　2、3.原始瓷豆　　4.硬陶盂

　　表明此砾石层是有意铺设的石棚墓底，砾石分布的范围即是原石棚的室内范围，由此可判定
现存紧密排列着的两块支石当系原先石棚之南壁。砾石层铺设在一层厚约 30 厘米左右的黄
土层之上，这层黄土土质较纯，结构紧实，基本平整，黄土层下即为高低不平的夹杂小石块
的生土层，说明此层黄土是有意填筑的。由此可见，石棚建造时在室内先填筑了一层纯净的
黄土，既作保护固定支石之用，也形成一个平整的室内地面，然后再在填筑的黄土面上铺设
小砾石作为墓底。

　　现存的南壁两块支石均呈宽扁的板状，排列紧密，仍基本直立而略向南侧外倾。其中东
侧一块通残长 120、宽 45~80、厚 24~30 厘米，其中埋入填筑土下 40 厘米，高出墓底砾石
面 80 厘米。西侧一块通残长 130、宽 50~55、厚 25~35 厘米，其中埋入生土基槽内和填筑护
土下 50 厘米左右，高出墓底砾石面约 80 厘米。这两块支石的外侧下部，在填筑护土前均有

先用小石块支衬加固的现象。西壁残存的一块支石破坏较多，已基本倾倒在地面上，通残长80、宽45~65、厚25~48厘米，其中埋入填筑土下35厘米，高出墓底填土面45厘米。从残留支石情况可见，原先构成石棚的每面墓壁都是由多块支石紧密排立而成。支石有直接在生土面上竖立的，也有先在生土面上挖掘浅槽后埋立的，然后再用内外填筑护土的方法对支石进行加固。

现存石棚平面范围虽因破坏而不完整，但根据铺石的底面推算，残存范围东西长约2.8米，南北宽约2.2米。保存的南壁支石底面以上残存高度最高者近0.8米，据此可以判定当时石棚的室内高度应在0.8米以上。

墓内出土遗物4件，有青铜镢1件，原始瓷豆2件，硬陶盉1件，器物都显完整。其中青铜镢和两件原始瓷豆均直接出土于砾石铺设的底面上；硬陶盉出土于石棚西南角靠近西壁支石的位置，已处在石棚边缘，此处不见铺设的砾石面，可能已被破坏，因此该器物的位置可能已遭扰动（彩版九二，2）。另外，在清理表面扰乱土层时，出土1件拍印方格纹的印纹硬陶罐残件，出土时碎片分散数处，拼对后虽不完整，但可以复原，作采集品处理。

青铜镢　1件。

M29：1，整体呈长方形，两侧面中腰微束，弧刃，銎口呈长方形，銎腔深及刃部。正反两面靠近銎口处铸出两道弦纹。整体长7.2、宽3.4~3.8厘米。銎口长3.4、宽1.4厘米，壁厚0:2厘米。（图五四，1；彩版九三，1）

原始瓷豆　2件。器形基本一致。

M29：2，口微敞，折腹斜收，浅腹，矮圈足把，足尖折直。灰白色胎，内壁满釉，外壁施釉不及底，釉色青绿，脱釉和失釉现象严重。肩部饰有细弦纹和斜向排列的箆点纹，外底有刻划符号。口径10.2、足径6.1、高3.2厘米（图五四，2；彩版九三，2）。

M29：3，直口微敛，浅直腹，盘底宽平，外撇矮圈足把。灰白色胎，内壁满釉，外壁施釉不及底，釉呈青绿色。外壁口下饰有不规则的细弦纹，外底有刻划符号。口径9.7、足径5.3、

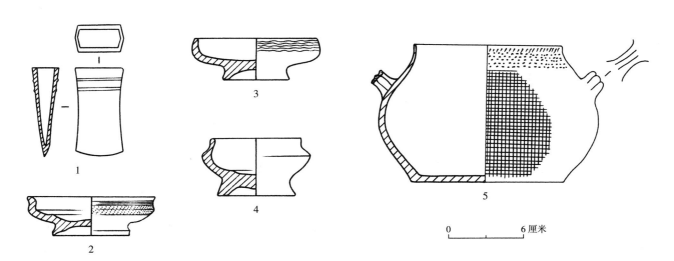

0　　　　　　6厘米

图五四　瑞岙 M29 出土遗物图

1.青铜镢 M29：1　2、3.原始瓷豆 M29：2、3　4.硬陶盉 M29：4　5.印纹硬陶罐 M29：采1

高 3.4 厘米。（图五四，3；彩版九三，3）

硬陶盉　1 件。

M29：4，直口，折腹，圈足高而外撇。黄色胎，内外器表涂施无光泽的黑色涂层，系着黑陶。口径 7.2、足径 6.2、高 4.8 厘米。（图五四，4；彩版九三，4）

印纹硬陶罐　1 件。采集品。

M29：采 1，残，可复原。直口微敞，扁圆腹，平底，两侧肩部设有三泥条并列而成的横向半环形耳，通体拍印方格纹。口径 12、底径 12.6、高 11.2 厘米。（图五四，5）

根据出土遗物的时代特征，可以判定 M29 的时代在西周晚期至春秋初期。

二十　瑞岱 M30

M30 系本次发掘新发现，1983 年瑞安市文物馆调查时因盖石已破坏不存而未被确认登记。该石棚位于岱石山西山脊中段，分布在山脊脊线北侧约 10 米处，其南约 10 余米为 M6 和 M7。发掘前，盖石不存，地面上仅见一个微微隆起的土石堆，土石堆上长满茅草（彩版九四，1）。在土石堆的一侧有一块斜倒的支石半裸于地表，另外也有数块支石的顶端露出土石堆表面约 20 厘米，根据这些现象，可以判定此处有石棚遗迹的存在。石棚遗迹位于山坡上，所在处地势呈现南高北低状态。

清理结果表明，该石棚保存的支石较多，东、南、北三面均有支石残留，其中以南壁保存最好（图五五；彩版九四，2；彩版九五）。由于石棚所处地势南高北低，故支石均向北面下坡方向倾倒，且倾倒程度十分严重，部分已呈平卧状。其中保存较好的南壁支石整个倒入室内，倾倒的支石覆盖了部分墓室范围。由于近现代的破坏，留存的支石大多残缺不全，但石棚是由多块支石紧密竖立构成墓壁这一特点是十分清楚的。

南壁现存支石 4 块，向北面室内倾倒严重，有的呈比较规整的宽扁形石板状，有的呈不规则长条状，排列比较紧实，支石与支石之间的空隙很小。其中（由西向东）：

第一块支石：呈宽扁的板状，已断为两截，长 160、宽 60、厚 15 厘米；

第二块支石：呈不规则长条状，上部已残，部分压在第一块上，长 120、宽 40、厚 20 厘米；

第三块支石：为宽扁形板状支石，已断为两截，长 140、宽 50~60、厚 15 厘米；

第四块支石：呈不规则长条状，长 120、宽 30、厚 20 厘米。

东壁只残留东南角一块支石，呈宽扁石板状，长 120、宽 60、厚 15 厘米。

北壁残留支石两块，两块之间相距 180 厘米，此壁支石已被破坏：

西头一块为宽扁形板状支石，顶部略残，长 130、宽 70、厚 15~20 厘米；

东头一块呈不规则长条形，大部分已残，残长 80、宽 40、厚 20 厘米。

从残留遗迹观察，石棚原先的墓室平面范围大体呈长方形，长约 2.8、宽 2 米左右，东、南、北三面有用支石构成的墓壁，朝下坡的西面原先可能不立支石而作为墓门。营建时，主要采用挖槽埋入与内外填筑护土相结合的方法构立和固定支石。保存比较完整的上坡面南壁四块支石，其下端均插在一条事先挖于岩基上的凹槽内，槽宽 30 厘米左右，与支石厚度相仿，

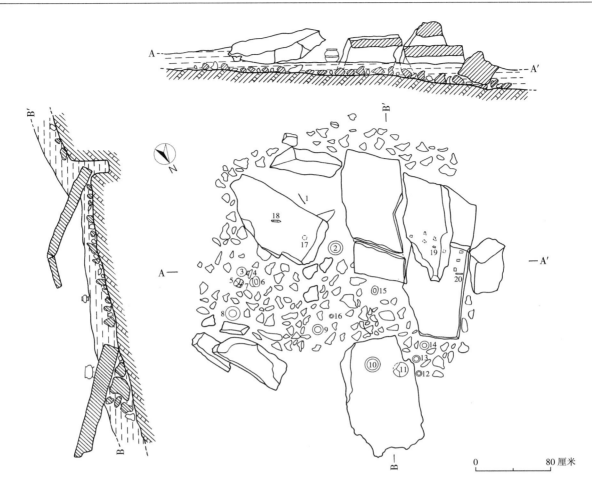

图五五　瑞岙 M30 平剖面图

1.青铜戈　2、9.原始瓷罐　3.泥质陶罐　4、6、11.硬陶豆　5.硬陶罐　7、13~15、17.原始瓷盂　8.硬
陶簋　10.硬陶鼎　12.原始瓷小碗　16.泥质陶纺轮　18.青铜小刀　19.青铜小编钟　20.青铜小凿

凹槽靠外的一侧较深，有 40 厘米，靠内的一侧较浅，仅 20 厘米。室内填筑的护土较薄，填土厚 10~30 厘米不等，上坡处薄，下坡处稍厚，以利室内平整。室外填筑的护土也不厚，约 20 厘米，填筑前，有的支石外侧还用小石块进行了支衬加固。墓底填土呈红褐色，显得十分纯净，结构紧实。填土层下即为夹砾石的生土层，填土面上残存一批随葬器物。

　　根据残存支石以及支石的构立方法和内外填土情况，可以大体推算出当时石棚的室内高度。以南壁保存最长的一块支石为例，支石长 160 厘米，下端埋入基槽内 40 厘米，如果室内填土厚度以 20 厘米计，那么，支石在室内填土底面以上的高度还有 100 厘米，由此可见该石棚原先的室内高度可达 1 米左右。

　　该石棚出土遗物较多。清理完 10~20 厘米左右厚的表土之后，即于墓室东部发现一组硬陶和泥质陶器物，东南角支石周围发现一件竖立的青铜戈，这些器物距离现存地表都较浅，深度仅 10 余厘米。墓室中部出土数件原始瓷器、硬陶器和陶纺轮。墓室西北部则发现有 2 件硬陶器叠压在向外倾倒的支石之上，支石北侧也出土有 3 件原始瓷器，出土时有的是底朝上倒置着，这几件器物显然由于支石的倒塌而略有移位，或已遭过扰动。另外，将向室内平倒的支石揭去之后，东南角支石下压着1件原始瓷盂和1件青铜小刀，西南角支石下清理出一组共9件的青铜小编钟和1把青铜小凿（彩版九六、九七）。这些被倾倒支石所压的器物均直接置于红褐色的墓底填土面上，可见器物的位置未经扰动，同时也说明在石棚倒塌之前，墓内随葬器物分布面以上原先是未经填土的空间。

清理时发现，在已经倾倒的南壁支石所压范围内，墓底填土面上有一片灰黑色的土层，这一土层土质显得松散细腻，其土质土色与下面的填土区别较大，堆积极薄，仅厚1~2厘米，分布上大体呈长约2米、宽约0.6米的东西向长方形，距离南壁约有30厘米。这一灰黑色薄层应是有机质腐朽所致，据此可以判断，其分布区域可能是埋葬时安放尸体和葬具的部位。

石棚内出土遗物较多，共20件（组），按质料可分为原始瓷、硬陶、泥质陶和青铜器四大类。

原始瓷器共8件，器形有盂、小碗和罐。

原始瓷盂　5件。形式多不一致。

M30：14，敛口，扁圆腹，外撇矮圈足。灰白色胎，胎壁厚重。内壁满釉，外壁施釉不及底，釉色偏黄，脱釉现象严重，釉层大多已脱落。肩部饰多道刻划细弦纹。口径5.9、足径5.4、高3.8厘米。（图五六，1；彩版九八，1）

M30：13，口部略残。器形与M30：14接近，口沿内敛较少。灰白色胎，胎质细腻坚致。内壁满釉，外壁施釉不及圈足，釉层较厚较匀，呈青绿色，玻光感强，无脱釉现象。外壁口旁饰多道刻划细弦纹，外底有刻划符号。口径8.8、足径6.8、高4.2厘米。（图五六，2；彩版九八，2）

M30：15，直口，鼓肩，外撇矮圈足。灰白色胎。内外釉层大多已脱落。口径8、足径5.2、高4厘米。（图五六，3；彩版九八，3）

M30：17，形式颇似筒腹罐，但体形很小。直口，折肩，斜腹近直，平底。胎呈灰色，胎壁较厚。除外底部外，内外施釉，釉呈青绿色，但脱釉现象严重，大部分釉已脱落殆尽。肩部饰有斜向篦点纹，两侧还对称堆贴横"S"形纹一对。口径5.6、底径4.6、高3.6厘米。（图五六，4；彩版九八，4）

M30：7，直口，折腹，平底。青灰色胎致密坚硬。除外底部外，内外施釉，釉层稀薄，釉色青中泛灰，玻光感不强，部分釉层已脱落。肩部饰短条的刻划水波纹。口径9.4、底径5.6、高3.4厘米。（图五六，5；彩版九九，1）

原始瓷小碗　1件。

M30：12，直口微敛，中腹稍鼓，平底。青灰色胎致密坚硬。除外底部外，内外施青色釉，釉层甚薄，大部分失去釉色和光泽感。外壁底腹间留有十分明显的切割痕迹，系手制品。口径6.6、底径4、高3.4厘米。（图五六，6；彩版九九，2）

原始瓷罐　2件。形式不一。

M30：2，垂腹罐。体形较大，敞口，折颈，溜肩，平底略内凹，最大腹径偏下。灰色胎略显粗厚。内外施满釉，外底部不施釉，釉层比较均匀，釉色颇深呈褐色。肩部饰有多重刻划水波纹，腹部留有明显的制坯时的对接痕迹。口径12、底径9.6、最大腹径15.6、高

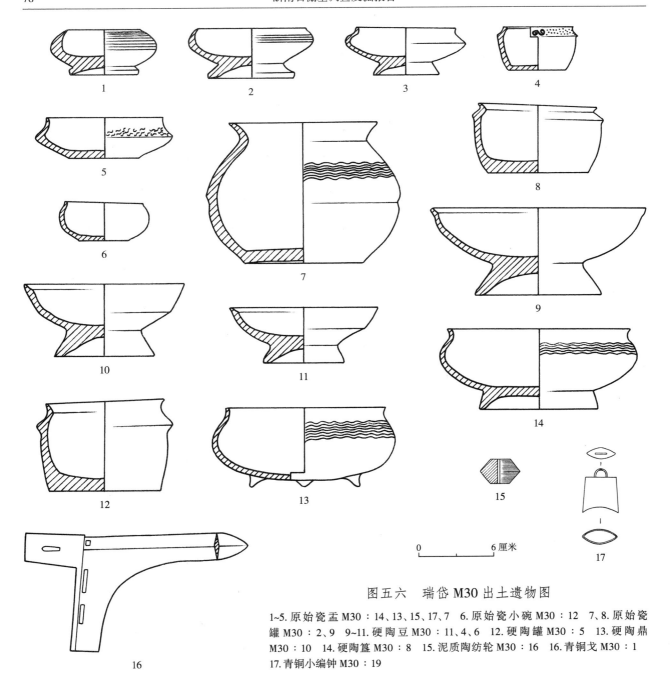

图五六　瑞岙 M30 出土遗物图

1~5.原始瓷盉 M30：14、13、15、17、7　6.原始瓷小碗 M30：12　7、8.原始瓷罐 M30：2、9　9~11.硬陶豆 M30：11、4、6　12.硬陶罐 M30：5　13.硬陶鼎 M30：10　14.硬陶簋 M30：8　15.泥质陶纺轮 M30：16　16.青铜戈 M30：1　17.青铜小编钟 M30：19

11.6 厘米。（图五六，7；彩版九九，3）

　　M30：9，口略残。敞口，折颈，折肩，斜腹近直，平底。整体形状似直筒形罐，但体形低矮，稍有变形现象。青灰色厚胎细密坚硬。内外施满釉，外底部不施釉，釉呈青绿色，釉层较厚，有凝釉现象。口径 9.6、底径 8.2、高 5.8 厘米。（图五六，8；彩版一○○，1）

　　硬陶器共 6 件，器形有豆、罐、鼎和簋。

　　硬陶豆　3 件。器形相近，略有差异。

　　M30：11，残，可复原。体形大，敞口，弧收腹，外撇高圈足把，内壁口沿和腹壁交接处有折棱。灰黄色厚胎较粗疏。内外壁均涂施有极薄的无光泽黑层，系着黑陶。口径 17.6、足径 10.2、高 7.2 厘米。（图五六，9；彩版一〇〇，2）

M30：4，敞口，斜腹折收，外撇高圈足把，内壁口沿和腹壁交接处有折棱。灰黄色厚胎较粗疏。内外壁均涂施有极薄的无光泽黑层，系着黑陶。口径 12.8、足径 8、高 6 厘米。（图五六，10；彩版一〇〇，3）

M30：6，器形与 M30：4 完全相同，也属着黑陶。口径 12、足径 6.6、高 4.6 厘米。（图五六，11；彩版一〇〇，4）

硬陶罐　1 件。

M30：5，残，可复原。敞口，肩部有凸脊，腹壁近直，平底，整体形状似筒腹罐。体形较小。灰黄色胎厚而较粗疏。除外底部外，内外通体涂施很薄的无光泽黑层，系着黑陶。肩部原先堆贴有 "S" 纹，已脱落。器物变形有高低。口径 9.6、底径 9、高 7.2~7.6 厘米。（图五六，12；彩版一〇〇，5）

硬陶鼎　1 件。

M30：10，直口，扁鼓腹，圜底近平，三乳状小矮足。灰白色胎较粗疏。内外通体有无光泽的黑色涂层，系着黑陶。上腹部饰有多重刻划水波纹。口径 13.2、通高 6.6 厘米。（图五六，13；彩版一〇〇，6）

硬陶簋　1 件。

M30：8，圈足略残。敞口，扁圆腹，外撇圈足。黄色胎略显粗疏。内外器表通体涂施有无光泽黑层，系着黑陶。上腹部饰多重刻划水波纹。口径 14.8、足径 9.6、高 6.6 厘米。（图五六，14；彩版一〇一，1）

泥质陶器共 2 件，器形有罐和纺轮。

泥质陶罐　1 件。

M30：3，泥质红陶，火候极低，质地甚疏软，破碎过甚，无法修复。器形呈筒腹状，平底，口径和底径均约 10 厘米。

泥质陶纺轮　1 件。

M30：16，泥质灰胎黑衣陶，算珠式纺轮，中心有小圆孔，通体饰细密弦纹。直径 3.2、高 2 厘米。（图五六，15；彩版一〇一，2）

青铜器共 4 件（组），器形有戈、刀、凿和小编钟。

青铜戈　1 件。

M30：1，出土时已残碎，可复原。援部基本呈平向，微微上翘，中起脊，舌状尖锋。内呈长方形，中有一长条形穿。援和内的上缘大体在同一条直线上。长胡，栏侧有一个小方穿和两个细长条穿。通长 18、栏高 10、援长 13、内长 5、宽 2.5、厚 0.2 厘米。（图五六，16；彩版一〇一，3）

青铜小刀　1 件。

M30：18，出土时基本已完全朽烂，未能取起。长约 9、宽约 2 厘米。

青铜小凿　1 件。

M30：20，出土时已残朽，基本已完全朽烂，未能取起。长约6、宽近1厘米。

青铜小编钟　1组。

M30：19，共9件。体形极其微小，大小相同，通高仅3.7厘米，宽2.4~2.8厘米，壁厚0.1厘米。形态一致，平舞，腔身呈合瓦形，弧于，舞上有圆条半环形纽。篆部和鼓部有纹饰，但已腐朽不清。这批小编钟分布在墓底西侧长60、宽40厘米的范围内，器小壁薄，应是专门用于随葬的明器。出土时大多已朽烂疏碎。（图五六，17；彩版一〇一，4）

根据石棚内出土遗物，可以判定M30的时代在西周晚期至春秋初期。

二十一　瑞岙M31

M31也为本次发掘时新发现的石棚遗迹，1983年调查时未予认定。它分布于山脊脊线北侧约10米处山坡上，位于岙石山西山脊中段以下位置，所在地势比较低，与山脊南面的M25相距约20米。石棚所处现是一上下高差1米多的台地，地面基本没有隆起的土石堆，发现时虽无盖石保存，但有两块长方形板状石块的顶部暴露于地表，据观察应该是残存的石棚支石，由此判定此处有石棚遗迹的存在。

清除掉厚约20厘米的表土层之后，除了原先即暴露于地表的两块支石外，又暴露两块支石。这四块支石均较大，多呈板状，东西向排成一列，可以认定系石棚某一壁的支石。从现状看，这些支石均遭过不同程度的打砸破坏，其中东侧三块已向北倾倒呈基本平卧状，西侧一块尚未完全倾倒，大体呈50°斜向保存着。在此道支石墓壁以北的表土之下，是红褐色的熟土层，此层土质地较细较纯，结构坚实，厚20~30厘米。熟土层下即是夹杂砾石的生土层。在红褐色熟土层面上发现2件器物，其中1件压在中间向北倾倒的一块支石下，另1件则未被支石压住。根据这些现象，可以判定这一列支石应该是原石棚的南壁支石，其北面的红褐色熟土层应为当时石棚内的墓底填土，熟土层上出土的遗物即为原石棚内随葬品。

清理结果表明，该石棚破坏严重，仅存南壁支石，其余支石已破坏无存（图五七；彩版一〇二）。由于石棚建立在南高北低的坡地上，石棚朝向

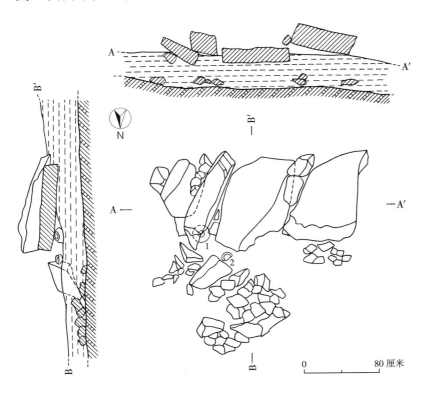

图五七　瑞岙M31平剖面图

1.原始瓷豆　2.硬陶盂

北面，原先石棚内又有空间，故南壁支石向北面下坡室内倒塌。南壁残长 2.1 米，残存支石 4 块，有 3 块呈长方形的板状，有 1 块呈长条形。其中（由西往东）：

第一块支石：长 95、宽 68、厚 24 厘米；

第二块支石：长 115、宽 70、厚 16 厘米；

第三块支石：长 104、宽 28、厚 24 厘米；

第四块支石：残长 65、宽 44、厚 15 厘米。

支石之间的缝隙由大小不一的小石块填塞。根据南壁保存情况，推测该石棚的其余墓壁是由多块板状或条状支石构成，上架巨大盖石。

从南壁支石的保存情况观察，支石有直接在生土面上竖立的，也有先在生土面上挖掘浅槽后埋立的，然后再内外填筑护土对支石进行加固。东侧三块支石是直接立在生土面上，而西侧尚未完全倒塌、向北呈 50° 倾斜的支石，挖槽埋入生土约 20 厘米，以达到与其他支石相同的地表高度。支石内外两侧填筑的护土厚 20~30 厘米。石棚的底部即为填土面，面上未见铺石等设施。依据残存南壁和支石的长度与埋立情况，可知石棚原始的室内平面范围，长度至少可达 2.1 米，高度在 0.85 米以上。

石棚范围内出土遗物 2 件，分别为原始瓷豆和硬陶盂，均出土在石棚底部的红褐色填土面上，应系残留的随葬品。但均已破碎而残缺，可能已经扰动。

原始瓷豆　1 件。

M31：1，出土时破碎，拼合后略残。体形较大，敞口，弧收腹，外撇矮圈足把，内壁口腹交接处有折棱，内底宽平。灰白色胎较粗厚。略生烧，器表均呈黄色，可见未玻化的釉层。口径 16.6、足径 8、高 5.4 厘米。（图五八，1；彩版一〇三，1）

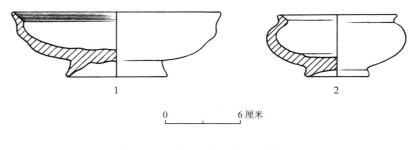

图五八　瑞岱 M31 出土遗物图
1.原始瓷豆 M31：1　2.硬陶盂 M31：2

硬陶盂　1 件。

M31：2，出土时破裂为数块，拼合后略残。敞口，扁鼓腹，外撇矮圈足。胎色偏黄，但较细腻。内外器表均涂施有无光泽黑层，系着黑陶。口径 9.4、足径 5、高 5.2 厘米。（图五八，2；彩版一〇三，2）

根据出土器物的造型和胎釉特征，可以判定 M31 的时代在西周晚期至春秋初期。

二十二 瑞岱 M32

M32 也系本次发掘时新发现的石棚遗迹，1983 年调查时未予认定。该石棚独立分布于岱石山向北伸展的小山脊顶部，其附近没有其他石棚。发掘前，山地表面有一块已敲砸成两半的巨大盖石平躺在长满茅草的地面上，大石周围分布有大量碎石块和石屑。盖石南北长约

300 厘米，东西宽约 160 厘米，南端厚 60 多厘米，北端厚约 30 厘米。从现场情况看，这块盖石应是发掘前不久刚被打砸破坏过。由于近几年村民在山上种植松树，因此在石棚遗迹附近留有数个深约三四十厘米的土坑。现存大石紧贴地面，其周围不见倒塌的支石，其下也未见支石和空间。（彩版一○四，1）

为了搞清盖石下有否遗迹，做好现场记录后将盖石移开进行清理。去掉盖石后，下面几乎没有看到一块可作支石的石块，只有几块不成形状的小石块，盖石下是松软的灰褐色熟土，在这层熟土层上，找不出能表明石棚底部和范围的迹象。清除这层 20~30 厘米厚的熟土之后，发现几块南北向排列的直立石块，这些石块构成一道长 2 米多的南北向石壁。石块排立不紧密，中间是一块南北向侧立的宽扁板状石，两头是直立的条石。这排立石都埋在挖入生土约 40 厘米左右的槽内，即当时是用往生土下挖沟槽埋立的方法来固定这排立石的。依据这一迹象可以判定，这排立石是人为有意埋立的，应该是石棚原始的一面壁石。从现状看，立石的上端似有被破坏过的痕迹，现存部分可能仅仅是原先立石的下段，而并非原始状态。尽管其他部位都没有发现墓壁支石痕迹，仅凭残存壁石无法判定明确的墓室平面形状与范围，但我们已可认定此为石棚盖石之下残留的结构遗迹，是石棚墓室范围的部分标志。（图五九；彩版一○四，2）

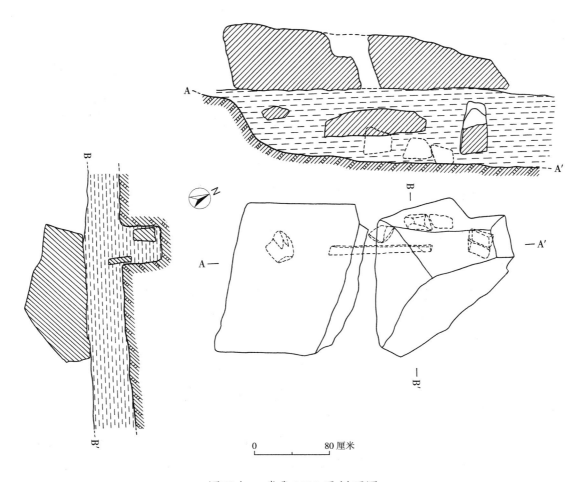

0　　　　　　80 厘米

图五九　瑞岱 M32 平剖面图

在残留的壁石与盖石之间的熟土层中没有发现任何遗物，但在盖石东侧的扰乱土层中出土青铜凿、青铜镞和原始瓷盂各 1 件，另外还有 7 颗卵石，应是石棚墓内随葬遗物被破坏扰乱所致。联系到盖石下只残留一面壁石，而且所残留壁石没有被上面的盖石直接压住，而是间隔了一层 20 厘米左右厚的松软熟土，因此推测现今留在地面的盖石不但并非是其原貌，而且其位置也已有所移动甚至抬高。

扰乱层中出土的遗物作采集品处理。

原始瓷盂　1 件。

M32：采 2，敛口，扁腹，外撇矮圈足。灰白色胎比较坚致。除圈足外，内外施釉，釉层较厚，釉色青中泛黄。肩部饰多道刻划细弦纹，外底有刻划符号。口径 6.8、足径 4、高 3 厘米。（图六〇，1）

青铜凿　1 件。

M32：采 1，长条形，单面刃，刃部窄于上部，銎口呈方形，中空。长 10.2、宽 1.8、厚 1.4 厘米。（图六〇，2；彩版一〇五，1）

青铜镞　1 件。

M32：采 3，体形微小，镞身呈三角形，断面呈菱形。扁铤。通长 2.6 厘米。（图六〇，3；彩版一〇五，2）

卵石　7 颗。

M32：采 4，共 7 颗，其中圆球形 4 颗，长条形 3 颗，表面均光滑。圆球形者直径 4 厘米左右，长条形者长 10.6、宽 3、厚 2.3 厘米左右。（图六〇，4）

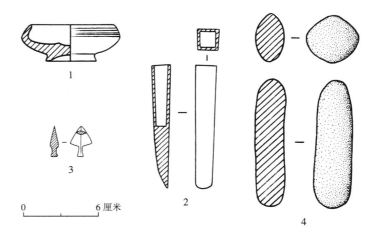

图六〇　瑞岱 M32 采集遗物图

1. 原始瓷盂 M32：采 2　2. 青铜凿 M32：采 1　3. 青铜镞 M32：采 3　4. 卵石 M32：采 4

根据扰乱层中出土的遗物，特别是原始瓷盂的造型和胎釉，基本可以判定 M32 的时代在西周晚期至春秋初期。

二十三　瑞岱 M33

M33 是本次发掘中新发现的石棚遗迹，1983 年调查时未予认定。该石棚分布于岱石山西山脊低段的脊线上，其西南面约 16 米为 M2、西面约 23 米为 M29、东北面约 25 米为 M5（彩版一〇六，1）。石棚所在地段山脊宽阔平缓，土层较厚。发掘前，这里早已被夷为平地，曾经翻耕种植，一条通向山顶的山脊小径从石棚遗迹上经过。山地上不见盖石以及隆起的土石堆，也基本不见其他比较明显的石棚遗迹，仅在北侧通向山顶的小径旁有一块长方形板状石块的顶尖微露于地表，才引起了考古人员的注意，也成为我们发现此石棚遗迹的重要线索。根据这一线索揭开残石周围表土，发现了明显的三面由支石构成的石棚壁体和墓室范围，从而确认了这处石棚遗迹。

　　相对岱石山其他残留的石棚遗迹而言，M33 除盖石破坏无存外，其他遗迹保存均较为完整，东、南、北三面壁体支石虽大多被破坏残去上部，但多未倒塌，墓室平面范围明确清晰，而且又有用板状片石铺砌而成的墓底。因此，M33 是本次岱石山发掘保存最好、规模最大、建造最精的一座石棚遗迹。

　　清理发现，该石棚构建有东、南、北三面墓壁，每面墓壁都由多块支石构成。朝下坡的西面没有用支石构筑墓壁，空其一面作为墓门，墓向朝西。建造时采用挖掘基槽和内外填筑护土相结合的办法来固定竖立的支石，支石均系宽阔的板状长方石，排立紧密，现支石上部大多已经不同程度的破坏残断。（图六一；彩版一〇六，2；彩版一〇七，1）

　　北壁有较大支石两块，基本直立而略向外倾：

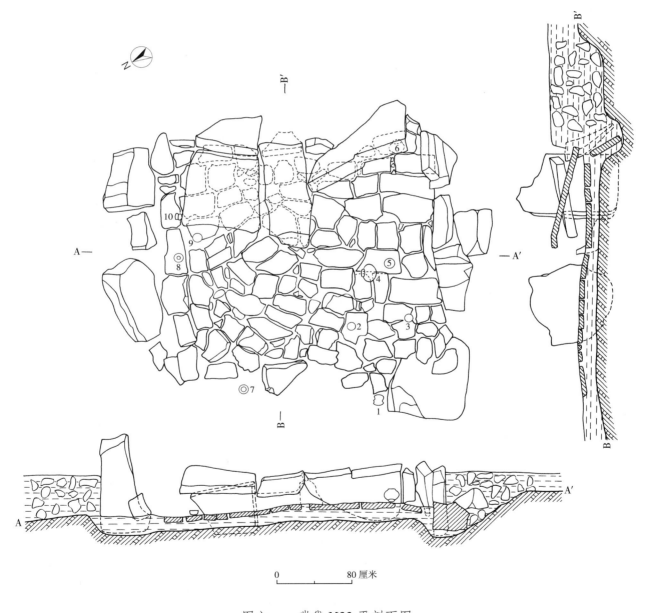

图六一　瑞岱 M33 平剖面图

1、3. 原始瓷敞口碗　2、5、8~10. 原始瓷盅式碗　4. 印纹硬陶瓿　6. 印纹硬陶罐　7. 原始瓷小鼎

东侧一块较厚，下厚上薄，通残长 110、宽 60~66、厚 22~44 厘米，高出底面约 90 厘米，埋入底面以下约 20 厘米；

西侧一块支石通残长 90、宽约 80、厚 20~25 厘米，高出底面约 60 厘米，埋入底面以下约 30 厘米。

处于上坡面的东壁现存较大支石三块，呈板状，基本向下坡倒入室内：

北侧的一块断为两截，通残长约 130、宽 84、厚 14 厘米，下端埋入底面以下约 20 厘米。

南侧的一块通残长 80、宽 100、厚 15 厘米左右，下端埋入底面以下约 18 厘米。

中间的一块宽 46、厚 6~9 厘米，已断为三截，其中上段和中段倒入室内，下段仍直立地埋在墓底以下的基槽和填筑土中。该支石的长度仍可复原，三段之通长为 155 厘米，是该石棚中保存最长的一块支石。且支石的上端齐平，边角无棱，应系原先自然面而非残断面，说明该支石复原长度即是其原始长度。该支石埋在墓底填筑土以下和基槽内部分长 39 厘米，可知其原先在墓底以上的高度达 116 厘米。

南壁在连接东壁的东段残存两块支石，仍直立着，但上部已破坏残断：

东面一块底面以上残长约 50、宽 50、厚 15 厘米；

西面一块底面以上残长约 45、宽 60、厚 15 厘米。

南壁西段因处于下坡，支石原先高出底面部分已遭全部破坏，现仅存埋入底面以下部分，其中一块宽 70、厚 20~40 厘米。

石棚底部在填土面上全部用扁薄的板状片石铺设，显得十分讲究。这些片石表面平整，但大小形状各异，一般厚 6 厘米左右。铺设比较紧密，稍大的缝隙则以小石填塞，石棚底部显得整齐平直。在岱石山所有石棚中，部分有在底部铺设卵石的现象，但用片石铺底者仅此一例。这一铺片石底面保存完整，只是出现几处凹陷而已。铺石面以下有厚 10~20 厘米的填筑土，填土以下即为生土。从三面墓壁外围清理情况观察，墓壁支石外侧填筑的护土厚于室内，特别是南北两面墙体外护土厚达 60 厘米，而且护土内还夹有一些小石块。

石棚平面接近正方形，室内南北长 3 米，东西宽 2.7 米，墓门开在长边的西面，方向 300°，依据已倒入室内的上坡面东壁中保存原长的一块支石，可知原先石棚室内高度在 1.16 米左右。而从现存石棚范围可以推测，原先石棚顶上的盖石长可达 4 米、宽 3 米以上。

出土的随葬遗物共 10 件，计有原始瓷碗 7 件、小鼎 1 件，印纹硬陶罐和瓿各 1 件。这些器物主要分布在墓室的南部和北部，大部分出土在底部铺石面上，个别出土于较墓底略高的位置，遗物中有残缺现象，可能被扰乱过。而 M33：1 和 M33：7 器物出土位置已经处在石棚西面门口，其下未见铺石，表明此两件器物可能曾遭扰乱。另外，在上部扰乱土中，出土一件泥质灰陶的扁腹罐，陶质特酥松，已甚显破碎，无法起取保存。（彩版一〇七，2）

出土器物具体情况如下：

原始瓷敞口碗　2 件。

M33：1，口局部残缺。敞口外撇，弧腹缓收，平底，内壁口沿上有凹线，沿面与腹壁之间有明显折棱，略呈子母口形状，内壁、底有比较细密的轮旋纹。灰白色胎略显粗疏。内外通体施釉，釉色青中略泛黄，釉面匀净光亮。口径 12、底径 7、高 4.2 厘米。（图六二，1；

彩版一〇八，1）

　　M33：3，口略残。口微敞，腹壁较直，平底，斜平沿与腹壁交接处有明显折棱，内壁、底均无轮旋纹。灰白色胎较粗疏。内外施釉极薄，通体均无明显釉层。口径9.6、底径6.5、高3.7厘米。（图六二，2；彩版一〇八，2）

　　原始瓷盅式碗　5件。大小略有差异，器形基本相同。口微敞，外斜方唇，斜腹近直外敞，近底处折收成平底，内壁、底有的无轮旋纹，有的有细密的轮旋纹，外底均可见到弧形线割痕迹，皆内外施满釉。

　　M33：2，口沿微残，内壁、底无轮旋纹。青灰色胎细密坚硬。内外施釉十分稀薄，基本无比较明亮的釉面。口径8.8、底径5.4、高4.5厘米。（图六二，3；彩版一〇八，3）

　　M33：5，内壁、底有细密轮旋纹。略欠烧，器表发黄，釉层未完全烧出玻化。口径11.6、底径5.6、高4.8厘米。（图六二，4；彩版一〇八，4）

　　M33：8，口沿处略呈子母口状，内底有细密轮旋纹，灰白色胎致密坚硬。釉层稀薄匀净，釉色青中泛黄。口径10.6、底径6、高4.6厘米。（图六二，5；彩版一〇九，1）

　　M33：9，残，可复原。内壁、底均有明显的轮旋纹。生烧，胎未烧结呈土黄色，釉面未显示。口径10.8、底径5.4、高4.8厘米。（图六二，6；彩版一〇九，2）

　　M33：10，内壁、底均有细密的轮旋纹。胎色灰白，致密坚硬。内外施釉极其稀薄，

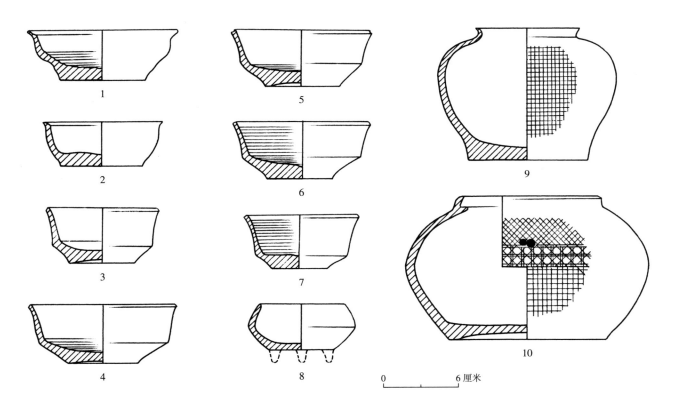

图六二　瑞岙M33出土遗物图

1、2.原始瓷敞口碗 M33：1、3　3~7.原始瓷盅式碗 M33：2、5、8、9、10　8.原始瓷小鼎 M33：7　9.印纹硬陶罐 M33：6　10.印纹硬陶瓿 M33：4

不见明亮的釉面，仅在内壁、底腹转折处釉层明显。口径 8.8、底径 4.4、高 4.4 厘米。（图六二，7；彩版一〇九，3）

原始瓷小鼎 1 件。

M33：7，敛口，扁鼓腹，平底下三只小足，出土时三足已脱落。胎色较白，质地细密坚硬。内外通体施釉，釉色较深，近似褐色。口径 7、底径 5、残高 3.8 厘米。（图六二，8；彩版一〇九，4）

印纹硬陶罐 1 件。

M33：6，稍残，可复原。口微敞，短弧颈，宽圆肩，上腹部圆鼓，下腹部收敛较甚，平底，最大腹径在上腹部。通体拍印方格纹。口径 8.5、底径 9.4、高 11 厘米。（图六二，9；彩版一〇九，5）

印纹硬陶瓿 1 件。

M33：4，子母口，扁圆腹，平底略内凹，最大腹径居中，基本在中腹部位两侧对称地各贴饰两只小泥饼。外壁中腹部位拍印一周米筛纹条带，米筛纹上下分别拍印方格纹。口径 11.4、底径 13、高 11.8、最大腹径 19.5 厘米。（图六二，10；彩版一〇九，6）

根据出土遗物的造型和胎釉特征，可以判定 M33 的时代在春秋中晚期。

二十四 瑞岱 M34

M34 是本次发掘过程中新发现的石棚遗迹，1983 年调查未予认定。该石棚分布于山脊脊线之南侧约 8 米，位于岱石山西山脊的低段，东北距 M33 约 12 米，南距 M2 约 6 米，北距 M29 约 11 米。发掘前盖石不存，遗迹为茅草所覆盖。割掉茅草后，地表呈现出石棚被打砸破坏后形成的土石堆。土石堆堆积不厚，隆起不很明显，高约 20~30 厘米。在其北面有一块斜倒的石块顶端暴露于土石堆上，可以看出是石棚被破坏后残留的支石，由此成为我们进一步寻找和确认此处石棚遗迹的唯一线索。

清理结果表明，此处原先确有石棚存在，石棚已遭到严重破坏，盖石不存，盖石下的支石部分存在，已残破不堪，墓壁位置和石棚范围基本清晰。

清理出南、西、北三面墓壁残迹，从遗迹看，三面墓壁均用多块长方形或长条形支石构立而成，用挖基槽和内外填筑护土的方法加固竖立的支石。（图六三；彩版一一〇）

南壁支石已基本被破坏殆尽，只在中间部位残留一块已残断的支石下部，残长 16~20、宽 42、厚 40 厘米。另外，在残存支石西侧与西壁接近处，底面上有一个长 50、宽 34、深 40 厘米的长方形土坑，土坑外侧有一些小块石。从现场迹象分析，这一土坑明显是当时埋立支石时挖掘的基槽，是支石被破坏拔去后留下的，土坑外侧的小石块应是埋立支石时的支衬石，说明此处原先曾有支石的存在，与其东侧尚存的残断支石同是原石棚南壁支石的一部分。

西壁也仅存一块支石，支石显得很大，向东面室内倾倒。支石为宽扁的长方形板状石，比较规整，通长 170、宽 110~120、厚 20~26 厘米，其中埋入室内填土底面以下 40 厘米，高出室内底面约 130 厘米，其埋入填土的下端不平整，而上端基本平整，可能未遭过破坏，是

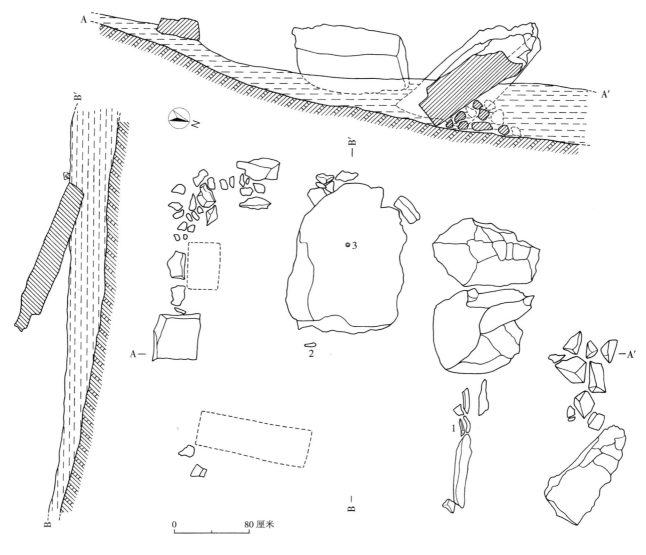

图六三　瑞岙 M34 平剖面图
1.青铜剑　2.卵石　3.陶纺轮

一块保存完整的支石。在翻开此块支石进行墓底清理时，发现此块支石下直接压着一件随葬器物陶纺轮，表明此块支石应该在石棚遭破坏前就已经倒塌，被压住的器物上方原是没有填土的墓室空间。另外，在此块支石的南侧支石已破坏不存，但分布有一批小石块，显然是原支石外侧用于加固的支衬石。

北壁保存相对较好，共残留支石三块，两块在西头，一块在东头。其中西头两块紧挨在一起，保存比较完整。两块支石均向外、即向北侧下坡面斜倾约45°。

最西头一块呈长方形，通长170、宽64、厚30~40厘米，可能未经破坏，埋入室内填土下约40厘米，高出室内墓底约130厘米；

西头第二块也系长方形板状支石，通残长144、宽76、厚40厘米，上端已经打砸破坏，埋入室内填土以下约40厘米，高出室内墓底约104厘米；

东头的一块支石破坏严重，仅存下部，系十分扁薄的板状支石，残长 50、宽 80、厚 9 厘米。

在东头支石北面外侧 80 厘米处，分布一长条形石块，残长 110、宽 30~40、厚约 20 厘米，石质与北壁西头两块支石相同，应是被破坏扰乱出来的石棚支石。

东面未见有支石残留，也不见支石被破坏的痕迹，联系到 M19、M24、M27、M33 等保存较好的石棚遗迹，可以确认该石棚原先东面也未用支石建立墓壁，东面应是墓门。

通过解剖了解到，该石棚所在处原山体地面呈东南高西北低的走势，石棚在营建立石时，采用挖基槽和内外填筑护土的办法来固定支石，墓底在生土岩基上填有 20~40 厘米厚的熟土，高处较薄，低处较厚，室内平整，支石外侧的护土中有大小不一的石块支撑，其高度基本与室内相平。

石棚虽破坏严重，但残存遗迹基本比较清晰地反映了石棚的原始范围和形制结构。M34 呈东西向长方形，南、西、北三面建有用多块支石构筑的墓壁，东面不用支石建立墓壁，而是空其一面作为墓门，墓门开在长边一侧，方向朝东。室内平面东西长约 3 米，南北宽约 2.7 米。根据西壁一块和北壁最西一块支石保存长度完全相同的情况判断，此两块支石可能均未遭过破坏，现存长度即是原始长度，因此，它们高出墓底的高度应该就是石棚室内的原始空间高度，据此可知该石棚的室内高度可达 1.3 米左右。

出土随葬品 3 件，分别为青铜剑残件、陶纺轮和卵石，均出于墓底填土面上，其中青铜剑残件出土时紧挨北壁残留的支石，卵石出于墓底中间，陶纺轮则是被西壁大支石直接压住。另外，墓底填筑土中，包含有 2 片原始瓷盅式碗残片。

出土的 3 件器物具体情况如下：

陶纺轮　1 件。

M34 : 3，泥质灰黑陶，质地甚软。算珠式，中有圆孔，施细密弦纹。高 2.1、腹径 3.6、孔径 0.5 厘米。（图六四，2；彩版一一一，1）

青铜剑　1 件。

M34 : 1，残，仅存锋部一段，中起脊，横断面呈扁菱形，内空。残长 11、宽 3.2、厚 1.2 厘米。（图六四，1）

卵石　1 件。

M34 : 2，形状不规整，一端圆尖，另一端则呈宽扁状，色青灰，表面甚为光滑。长 12.6、最宽处 5.7、最厚处 4.2 厘米。（图六四，3；彩版一一一，2）

出土的 3 件遗物时代特征不明显，很难用于准确判断该石棚的时代，但根据墓底填土中出土原始瓷盅式碗残片的情况，基本可以判定 M34 的时代在春秋中晚期。

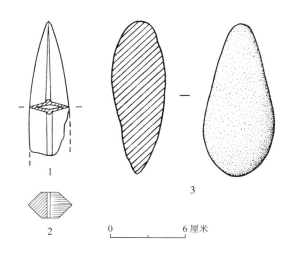

图六四　瑞岱 M34 出土遗物图

1.青铜剑 M34 : 1　2.陶纺轮 M34 : 3　3.卵石 M34 : 2

第三节　岱石山石棚墓群的年代

　　岱石山发掘的 27 座石棚墓中，有 22 座有少量遗物出土。这些遗物有的出于未经破坏的墓底，是未遭扰乱的随葬品，可以作为判断石棚年代的依据；有的则是出土在石棚遭破坏过程中形成的扰乱土中，由于这些遗物仍然分布在石棚遗迹范围之内，明显可判定是被扰动破坏的墓内随葬品，因此，同样可以作为判断石棚年代的重要参考依据。根据出土遗物对各座石棚墓的年代判定可见表二。

表二　瑞安岱石山石棚墓发掘情况一览表

墓号	保存状况	盖石大小 长×宽×厚 （米）	墓室大小 长×宽×高 （米）	出土遗物		年代	备注
				遗物情况	合计		
M2	盖石破坏，残留南壁一块支石		约 2.5×2.2，高 0.6 以上	采集原始瓷豆 1、盅式碗 2、盂 1	4	西周晚期至春秋初期、春秋中晚期	
M5	盖石破坏，残留南壁和西壁一部分支石		约 3×？×0.8	原始瓷豆 1，印纹硬陶罐 2，硬陶豆 1，夹砂陶釜 1，青铜短剑 1、锸 1	7	西周晚期至春秋初期	
M6	盖石破坏，仅残留一块支石			扰乱土中采集到原始瓷器、印纹硬陶器和硬陶器残碎片		西周晚期至春秋初期	
M8	盖石破坏，仅残留一块支石			扰乱土中采集原始瓷筒形罐 1、硬陶豆 1，另有残碎片	2	西周晚期至春秋初期	
M10	盖石保存	2.8×2.06×（0.2~0.3）	1.5×1×0.2	扰乱土中采集到青铜矛残件 1、原始瓷盂残片 1、硬陶残片 1	1	西周晚期至春秋初期	
M11	盖石破坏，仅残留一块支石			扰乱土中采集原始瓷盂 1	1	西周晚期至春秋初期	
M13	盖石破坏，保留西壁一块大支石		约 2×2×0.9	扰乱土中采集到原始瓷豆 1、盂 1，陶纺轮 1，石锛 1，印纹硬陶器残碎片	4	西周晚期至春秋初期	
M14	盖石破坏，保留一壁三块支石			扰乱土中采集到原始瓷豆和印纹硬陶罐的碎片		西周晚期至春秋初期	
M17	盖石和支石均破坏无存，但有明确铺石墓底残留		残存铺石片底面 2×（0.6~0.8）	原始瓷豆 3	3	西周中期前后	
M19	盖石破坏，三壁支石基本保留		2×1.3×0.9	原始瓷盂 4、碟 2，硬陶豆 2、罐 1、盂 2，石球 4、小扁石 1	16	西周晚期至春秋初期	
M20	盖石破坏，保存东壁和西壁支石		2.8×1.3×0.9	原始瓷豆 2、盂 1	3	西周中期	
M21	盖石破坏，保存西壁和北壁部分支石		残存 1.8×1.8高约 1.2	上层：原始瓷豆 1、碟 1、盂 2 下层：原始瓷豆 3	7	上层：西周晚期至春秋初期 下层：西周中期	

续表

墓号	保存状况	盖石大小 长 × 宽 × 厚 （米）	墓室大小 长 × 宽 × 高 （米）	出土遗物		年代	备注
				遗物情况	合计		
M22	盖石破坏，残留北壁两块支石		长 2.1 米以上 高约 1 米左右	未见遗物			
M23	盖石残存一部分	1.75 × 1.75 × 0.4	1.1 × 0.9 × （0.2~0.4）	未见遗物			残留一段人骨
M24	盖石和三壁支石都保存	2 × 1.5 × 0.5	2.3 × 1.3 × 0.8	扰乱土中采集到原始瓷豆和印纹硬陶罐残碎片		西周晚期至春秋初期	
M25	盖石和支石均被破坏无存			扰乱土中采集原始瓷盂 1、筒形罐 2，硬陶豆 1、小鼎 1，泥质陶纺轮 2	7	西周晚期至春秋初期	
M27	盖石破坏，保留三壁支石		2.3 × 1.8 × 0.8	原始瓷盂 1、硬陶钵 1、豆 1	3	西周晚期至春秋初期	
M28	盖石破坏，残留三块支石		残约 2.4 × 1.9 × 0.9	原始瓷豆 1、石棒 1	2	西周晚期至春秋初期	
M29	盖石破坏，保存南壁和西壁部分支石		残 2.8 × 2.2 × 0.8	原始瓷豆 2、硬陶盂 1、青铜钁 1	4	西周晚期至春秋初期	
M30	盖石破坏，三壁均有支石保存		2.8 × 2 × 1	原始瓷盂 5、碗 1、罐 2，硬陶豆 3、罐 1、鼎 1、簋 1，泥质陶罐 1、纺轮 1，青铜戈 1、小刀 1、小凿 1、小编钟一组 9 件	20	西周晚期至春秋初期	
M31	盖石破坏，保存南壁支石		残长 2.1，高 0.85	原始瓷豆 1、硬陶盂 1	2	西周晚期至春秋初期	
M32	盖石破坏，残留西壁三块支石，	3 × 1.6 × （0.3~0.6）		扰乱土中采集原始瓷盂 1、青铜凿 1、青铜镞 1、卵石 7	10	西周晚期至春秋初期	
M33	盖石破坏，保存三壁支石		3 × 2.7 × 1.16	原始瓷敞口碗 2、盅式碗 5、小鼎 1、印纹硬陶罐 1、瓿 1	10	春秋中晚期	
M34	盖石破坏，基本保存三壁支石		3 × 2.7 × 1.3	青铜剑（残）1、泥质陶纺轮 1、卵石 1	3	春秋中晚期	

注：M1、M3、M4、M9、M12、M15、M16 共 7 座石棚墓，因已被彻底破坏无法找见，没有清理。M7、M18、M26 共 3 座石棚墓，因遗迹基本被破坏殆尽，此处不予列出。

　　从表二中可以看到，出土有遗物的 22 座石棚中，M2 和 M21 的出土遗物明显存在早晚差异，可各自视为不同时期的两座墓葬，因此，这 22 座石棚可分为 24 座墓葬单位。这 24 座墓葬分别属于西周中期、西周晚期至春秋初期以及春秋中晚期三个阶段，其中属于西周中期的仅 3 座，为 M17、M20 和 M21 下层；属于西周晚期至春秋初期的有 18 座，分别为 M2、M5、M6、M8、M10、M11、M13、M14、M19、M21 上层、M24、M25、M27、M28、M29、M30、

M31 和 M32；属于春秋中晚期的 3 座，为 M2、M33 和 M34。可见，岱石山石棚墓群中，年代最早的为西周中期，其次是西周晚期至春秋初期，最晚的是春秋中晚期，其整体年代是西周中期至春秋中晚期。从年代序列上看，岱石山石棚墓群的年代，从西周中期开始，历经西周晚期和春秋早期、春秋中期，一直延续至春秋晚期，在年代上基本连续，其延续的时间也比较长。从数量上看，岱石山石棚墓群中，以西周晚期至春秋初期的石棚占绝大多数，共计 18 座；较早的西周中期石棚极少，较明确的仅见 3 座；春秋中晚期的石棚同样也显得很少，较明确的只有 3 座。尽管有的石棚因已被彻底破坏而没有遗物出土，年代上无法作出判断，且上述 22 座有遗物出土的石棚所反映的岱石山石棚墓群整体年代情况也并不一定与实际情况绝对吻合，但这 22 座石棚墓的年代已基本代表了岱石山石棚墓群的整体年代。

由于发掘清理的石棚多数已遭严重破坏，结构很不完整，各石棚出土遗物又很少甚至没有，留有遗物的也多非原始的数量和组合，这给我们对这批石棚墓进行分期研究、认知石棚墓早晚形制结构和内涵组合的变化情况带来了困难，致使必要的分期研究无法开展。

第三章　浙南石棚墓的分布、类型、内涵和时代

就浙南石棚遗存来说，在瑞安岱石山发掘之前只限于地面调查，一直未进行科学的发掘工作，因此，对于这类遗存的形制结构、文化内涵、时代面貌和功能性质等方面的基本情况一直缺乏深入的了解与认识。岱石山二十多座石棚遗存的发掘清理，虽因破坏严重保存普遍不佳等原因，使我们难以准确全面地了解这些遗存的完整面貌，但无疑为我们认识上述诸问题提供了极为重要的野外资料，为进一步深入研究浙南石棚墓奠定了基础。岱石山石棚墓发掘之后，平阳龙山头、苍南桐桥、仙居岩石殿和瑞安草儿山石棚遗存先后发现，为研究认识浙南石棚墓提供了更为丰富的材料。

第一节　浙南石棚墓的分布特点

浙南石棚墓的发现数量不多，包括现已破坏和已发掘的在内，迄今总共发现仅 58 座。其中分布在瑞安市岱石山 36 座、棋盘山 4 座、杨梅山 1 座、草儿山 3 座、平阳县龙山头 2 座，苍南县桐桥 7 座，仙居县岩石殿 5 座。其中发现后已被彻底破坏的石棚有岱石山 9 座和棋盘山东山岗 1 座，岱石山未被彻底破坏的 27 座石棚遗迹已经过考古发掘清理，而至今留存的未经发掘清理的石棚遗存为 21 座。浙南石棚墓发现数量较少的原因，除了原来实际存在可能确实较少之外，人为破坏较多肯定也是一个重要的因素。石棚这种墓葬用巨石构筑，墓外无封土覆盖，裸露于地表，石块容易被破坏取走，保存不易。有不少石棚是在 20 世纪七八十年代被附近村民修建用房和在山上建造庞大坟墓时取石破坏，而历史上可能已有一些石棚墓因此而毁坏。诚然考古调查工作开展得不够也是一个重要原因，更多的石棚墓还有待我们去调查发现。

综合已发现的石棚墓分布情况，可知浙南石棚墓在分布上具有以下几方面的特点：

第一，分布区域很小。根据迄今的调查资料，浙南石棚墓分布的地域范围很小，主要局限于浙南沿海一隅，仅发现在温州市瑞安、平阳、苍南和台州地区的仙居这四个县市范围内，并且主要集中分布在温州地区，反映出浙南石棚墓分布区域很小的客观实际，说明浙南石棚墓只是分布在浙江南部沿海较小区域内的一种墓葬遗存。

第二，在山脊山顶上和山麓与平地共存。已发现的石棚墓大多数分布在比较低矮的小山上，部分分布在山麓平地甚至山间盆地之平地上，分布在高山峻岭上的极少。瑞安岱石山、棋盘山、杨梅山和草儿山石棚墓都分布在低矮的小山山脊与山顶的脊线或脊线两侧，苍南桐桥石棚墓分布在紧挨高山的山麓平地上，而仙居岩石殿石棚墓则分布在四面高山环绕的盆地

性平地上，位置很低，只有平阳龙山头石棚墓位于由高山延伸的较高山脊上，所处地势高于其他地点的石棚墓，是浙南石棚墓中分布位置最高的一处。但不管所在地势高还是低，背倚高山、面向临江和临海的宽阔平原、附近有溪河或大江，是所有石棚墓在分布环境上的共同特点。

第三，群状分布与零星状分布现象共存。石棚墓的分布有的呈群状，几座或几十座石棚墓集中分布在一起；有的则呈零星状，仅 1 座或 2 座独立分布于山脊或山顶。像瑞安岱石山、苍南桐桥和仙居岩石殿石棚墓均属于群状分布状态，特别是瑞安岱石山，共有三十多座石棚墓呈集群状态分布在长约 500 米左右的山脊和山顶上，显得十分密集，这是其他地方所没有看到的。这些石棚墓沿着山脊与山顶的脊线，时而密集，时而稀疏，相互间距离并无规律，往往在平缓地段分布较密，陡峭地段分布稀疏一些，自然形成若干"群""组"的分布状态。苍南桐桥在 500 米左右长的向南山麓台地上，共分布有 7 座石棚墓。仙居岩石殿在一个较小范围内分布有 5 座石棚墓，其中有 4 座基本紧挨在一起。而棋盘山、杨梅山和草儿山石棚墓的分布则显出比较零星的状态，棋盘山每个山岗上 2 座，杨梅山只发现 1座，草儿山则发现 3 座。另外，瑞安棋盘山东西两个山岗上分别一大一小两座石棚的组合分布，以及草儿山三座石棚呈"品"字形的分布状态，都是一种很有意思的现象，可能反映出墓主之间的亲缘和等级关系。

第四，不同规模与形制的石棚墓同地共存。分布在同一地点的石棚墓，或在规模大小上不相一致，或形制结构上不尽相同。像岱石山石棚墓群的分布情况就是如此，建在同一条山脊与山顶上的三十几座石棚，规模大小不一，多种形式错杂共存。瑞安棋盘山上的 4 座石棚墓虽在形制结构上基本一致，但有明显的大小之别，东山岗已破坏的 1 座和西山岗破坏较甚的瑞棋 M3，原先规模可能都较瑞棋 M1 和瑞棋 M2 要小得多，两个山岗上都是一大一小的分布状态。苍南桐桥 7 座石棚中，苍桐 M1 与苍桐 M2 两座规模巨大，而且都是四角立柱式的高大石棚，已被破坏的苍桐 M4 原先可能也属这类大石棚，而其他 4 座不但规模较小，而且都是基本没有地面空间的盖石式石棚。仙居岩石殿石棚的分布情况与苍南桐桥相近，分布在南边的 1 座与分布在北边的 4 座在大小和结构形式上完全不同。平阳龙山头上分布的 2 座石棚，形制上也可能不相一致。只有瑞安草儿山上的 3 座结构形式显得一致，都为低矮的盖石式石棚，在规模大小上也基本一致。

第二节 浙南石棚墓的类型和结构

在岱石山石棚墓正式发掘之前，俞天舒先生将浙南石棚墓分为两种类型：第一种即考古学上所称的桌式石棚或北方式支石墓，它是"在地表四角，各立一块不规则的石条作支石（撑石），支石前石比后面略高，于其上架盖石，盖石一般都较扁平。在左、右、后三面支石与支石之间，都用块石拌泥土填塞，成为墓室三面的墓壁，有的墓在墓壁外面又立大石相围。因支石前高后低，所以盖石侧视都向后倾斜。盖石下面的空间（墓室）较高大"。第二种即考古学上所称的棋盘式石棚，也称南方式支石墓，它是"在地表的左、右、后三面，用不大的块石垒成墙体，墙体不高，高度相似，于其上架盖石。盖石侧视甚平，不向后倾斜。盖石下面的空间（墓室）低矮狭窄"[1]。金柏东先生将其分为四种类型：A 型，下支以多根条石；B 型，石板薄处支以条石，厚处仅用块石垫高；C 型，由支撑石和砾石组成墙体，上承盖石；D 型，以支撑石和石板组成三面墙体，上承盖石[2]。毛昭晰先生则分为五型：A 型，岱石山 I 型，以不规整的长条石竖立排成三面墓壁，条石下端埋入土中，上端承以盖石，条石与盖石连接；B 型，岱石山 II 型，以较大的块石（高均 1 米左右）排列于地面构成三面墓壁，块石下端不埋入土中，上端承以盖石；C 型，岱石山 III 型，四隅各用一块不规则的石条作柱，上承盖石，盖石前高后低，两边和后面用几块大石作围墙，围墙与石棚盖不相连接；D 型，龙山头型，墓门处都有一根较高的支石支撑着盖石；E 型，祥湖型（长条形支石墓），两边用垒筑的石块作壁，上承多块盖石，前后有封门石，浙江仅东阳一例[3]。

1994 年岱石山石棚墓发掘之后，我们根据发掘所见情况，在公布的考古发掘简报中仅对岱石山石棚遗迹按形制结构作了大类型上的划分：一类是三面都用多块长条或长方形支石支撑盖石、有地面空间的石棚墓；另一类虽也是用整块大石盖顶，但墓室在地下，或是土坑石壁，或是纯土坑，基本无地面空间，我们参照东北地区资料称其为"大石盖墓"。而对于有地面空间的石棚墓没有作进一步的类型划分。1997 年，苍南桐桥石棚墓的新发现扩大了我们对浙南石棚墓的认识视野，不但使浙南石棚墓的分布范围有所扩大、在认识浙南石棚墓分布特点上增添了新的重要内容，而且也十分明确地增加了浙南石棚墓形制结构上的新类型。据此，我们在对浙南石棚墓进行综合分析的基础上，开展了综合分类研究。基本没有地面空间的"大石盖墓"，尽管形制结构不像"棚"的形状，但其分布上与石棚墓错杂共存一起，结构上也用整块巨石盖顶，而且内涵和时代情况也与石棚墓一致，因此，我们将这类"大石盖墓"也列入广义石棚墓的系列和研究范畴，作为石棚墓的一种类型参与石棚墓的分类研究[4]。本报告仍按此认识进行分类[5]。

综合迄今浙南已发现的石棚墓，将形制结构和构建方法作为分类依据来考虑，基本可分五个类型：

第一类　每壁多块立支式石棚墓。可以岱石山 M19、M24、M27、M33 和棋盘山 M2 为代表。这类石棚在地面上每壁用多块比较扁薄的长条或长方石紧密埋立作为支石，构筑出三面墓壁，上置巨大的扁平盖石，形成裸突于地面的石构墓室，有较高的墓室空间，一面不设支石留有墓门。底部没有用大石块铺底，多为填筑的泥面，少量在底面上铺设有砾石或河卵石，

[1] 俞天舒：《瑞安石棚墓初探》，《东南文化》1994 年第 5 期。
[2] 金柏东：《巨石建筑系列中的浙南石棚》，《温州文物》第 7 期。
[3] 毛昭晰：《浙江支石墓的形制与朝鲜半岛支石墓的比较》，《中国江南社会与中韩文化交流》，杭州出版社，1997 年。
[4] 陈元甫：《浙江石棚墓研究》，《东南文化》2003 年第 11 期。
[5] 实际上，我们虽约定俗成地称呼为石棚墓，但石棚或石棚墓的称呼是否妥当也可能值得讨论。毛昭晰先生就认为支石墓的名称比石棚墓或石棚妥当，因支石墓除墓葬内部地面和葬制之外，主要由两大部分构成，一是盖石，二是支石。盖石多是未经加工的巨大石块，形状有板状、团块状和板块混合状。支石是在盖石下面支撑盖石的石头。这种石头有的是巨大的石板，竖立着支撑盖石，有的是多块竖立的条石，有的则是大小不等的块石。由石板支撑的支石墓形状确实像石棚，而由块石支撑的支石墓，并不像石棚，这样的形状无论如何也难以用"棚"字来形容的。据此认为"支石墓"一词可以涵盖"石棚墓"，而"石棚墓"则不能包括所有的支石墓。参见毛昭晰：《先秦时代中国江南和朝鲜半岛海上交通初探》，《东方博物》第十辑。

有个别石棚用小块状的片石铺底，显得讲究平整。此类石棚三壁的每一块支石均高度一致，盖石与支石之间没有空隙，三面墓壁的每一块支石都直接支撑住盖石，巨大盖石的重量分散在每一块墓壁支石之上。用以构建墓壁的支石开采来后均不作精细加工，形状大多不规整，支石间不可避免的缝隙有的用小石块填塞。分布在岱石山上的石棚绝大部分都应属于这种类型，棋盘山石棚以及龙山头 M1 也都应属此类型。原先岱石山调查时根据观察到的情况，认为："从保存较好的墓葬观察，其构造情况大致相同。即先在四角设置较大的岩石，然后覆盖一块略为扁平的巨岩，但其左右与后壁也填塞有石块和泥土。空其中。"俞天舒先生认为："比较完整的 7 座，虽规模略有大小而其构筑情况基本一样，但与东坡的墓却有较大不同。……不用石条作支石（撑柱）承支盖石，而是在墓室的三面（左、右、后）用较小的块石垒成墙体来承架盖石。……石棚室内空间低矮、狭小，高仅约 0.3 米，不能构成室状。"[1] 但从发掘结果看，其构筑情况实际并非如此。岱石山石棚大多是由多块支石来承支盖石的，有较高的墓室空间，墓室平面形状大多呈长方形、少量接近正方形。石棚的平面范围有大有小，大小差异比较明显。规模大的石棚长度可达 3、宽 2 米以上，如瑞岱 M33 和瑞岱 M34 都是长 3、宽 2.7 米。规模较小的石棚长度则在 2 米左右、宽不足 1.5 米，如瑞岱 M19 长 2、宽 1.3 米，瑞 M24 长 2.3、宽 1.3 米。而室内空间高度往往与石棚的规模大小成正比，规模大的石棚，空间相对较高，规模小的石棚，空间相对较低，但高低差异大多较小，规模大的石棚如瑞岱 M33 高 1.16、瑞岱 M34 高 1.3 米，规模较小的石棚如瑞岱 M19 高 0.9、瑞岱 M24 高 0.8 米。

第二类　每面多块摆支式石棚墓。可以岱石山 M28 为代表。三面均用两块或三块不成形状的大型块石摆置在地面上作为支石形成墓壁，上面再架置盖石，墓室裸突于地面，有较高的墓室空间，有墓门。它与第一类石棚的主要区别在于壁石以及构筑方法的不同，这类石棚用以构成墓壁承支盖石的支石不是长条或长方形板状石，而是十分厚实的大块石，块石形状极不规整。构筑方法上，由于其块大厚实，不需用挖槽埋立或填筑护土的加固措施即可稳固地立于地面，因此便直接摆置在地面上来构立墓壁。这种类型目前只在岱石山见到 M28 一例，M28 虽然遭到破坏，但根据残留遗迹其构筑方法十分明显。M28 底部也没有用大石块铺底，只是铺设有一些小砾石，据其残留遗迹推算墓底平面长宽均在 2 米左右，原先室内高 1 米左右。

第三类　每面独块侧支式石棚墓。可以基本认定系此种类型的是岱石山 M13。该石棚墓虽已破坏严重，不但盖石不存，而且东、南、北三面都未有支石保存，但西面比较完好地保留着一块至今仍侧立着的大型支石。支石长 170、高 90、厚 40~50 厘米，上侧平整，从现场情况可以认定，石棚西壁应是由此独块侧立支石构成。与其对应的东面虽未见支石残留，但根据底部岩面上发现的立石凹槽等遗迹现象，基本可以判定该石棚的东壁也只是用一整块长方形大石侧立而成。因此，根据保存完整的西壁立石和东壁的立石遗迹情况，基本可以判定该石棚原先的东西两壁支石都是由独块大型长方石侧立而成，上架盖石，形成墓室，其形制

---

[1] 俞天舒：《瑞安石棚墓初探》，《东南文化》1994 年第 5 期。

结构和构建方法上明显与其他类型石棚不同。

第四类　四角立柱式石棚墓。以苍南桐桥 M1、M2 为代表。这类石棚墓的建造方法是在墓室四角各埋立一块粗大的柱状长条石作为支石，上架盖石，构成墓室，盖石完全依靠四角支石来支撑，有高大墓室空间，在构筑形式上与上述三类明显不同。这类石棚墓在苍南桐桥保存两座（苍桐 M1、苍桐 M2），虽盖石均已彻底破坏，但苍桐 M1 四角支石保存完整，仍直立如初，形制结构特征十分明显；苍桐 M2 虽然西南角一块支石破坏缺失，但东南角和东北角两块支石仍直立于地面，西北角一块支石虽已倾倒在地，但位置明确，因此，该石棚墓属此类型也十分明确。1956 年在瑞安岱石山东山脊上发现但后来遭彻底破坏的两座石棚墓也可能属此种类型。仙居岩石殿石棚墓位于南处的 M1 残留南北对称的两块支石，据此判断其形制显然也是四角立柱式石棚墓，两块残留支石均显宽厚且呈板状，形体与埋向一致，应该是该石棚东面或西面的两角柱状支石。此类石棚墓的规模较大，苍南桐桥的两座规模都很巨大。苍桐 M1 的平面范围略呈东西向长方形，东西长达 4.8 米，南北宽 3.4~4.7 米，室内平面面积在 19 平方米左右，由此推测盖石的原始长宽均应在 5 米以上，而依据现存最高的东北角支石判断，该石棚墓原先地面上室内空间高度至少达 1.3 米，是一座规模巨大、气势雄伟的大石棚。苍桐 M2 如果将已经毁坏不存的西南角一块支石以对称位置复原，则该石棚墓的平面形状呈南北向长方形，南北长 4.6、东西宽 4.4 米，平面面积达 20 平方米，其东南角直立的一块支石现存地面以上高度竟达 1.8 米，说明当时的石棚室内高度至少达 1.8 米，不但其平面范围略大于苍桐 M1，而且墓室高度也比苍桐 M1 高得多，可以推测盖石的原始长宽在 5 米左右，是一座规模十分巨大、空间十分高大的大型石棚。仙居岩石殿 M1 若按照两块支石的外侧距离推算，其原始长度或宽度也可达到 5 米左右，而依据其支石的现存高度，可知其原始室内高度在 1.55 米以上，十分高大雄伟，同样为大型石棚墓。1956 年在瑞安岱石山东山脊发现的两座石棚墓中，发现时尚未倒塌且保存完整的东面一座，其"建筑结构是上覆一块长方形的巨石，石长 2.7 米，宽 2.1 米，厚 0.48~0.56 米。四角各用一块不规则的石条作柱，北边用三块大石围成围墙，围石间的空隙用砾石填塞，围墙与石棚盖不相连接，留有空隙。南边无遮石，只用砾石围了一圈"。从报道描述情况和保存下来的照片资料看，此座石棚墓可能也属于四角立柱式石棚。报道中虽未见室内平面大小的记录，但根据盖石"长 2.7 米，宽 2.1 米，厚 0.48~0.56 米。石棚室内高 0.75 米"的情况，可知该石棚的规模比苍南桐桥的 M1 与 M2 以及仙居岩石殿的 M1 都要矮小得多。如果对于它是四角立柱式石棚墓的判断不误，那么说明此类四角立柱式石棚墓也不一定全是规模十分巨大的大石棚墓。

至于这类石棚墓在四角支石之间的三面或四面是否原有用石块构建的墓壁，在现存的苍桐 M1、M2 和仙岩 M1 中都未见明显迹象，但分布于瑞安岱石山东山脊东边的一座石棚墓在 1956 年发现时，"四角各用一块不规则的石条作柱，北边用三块大石围成围墙，围石间的空隙用砾石填塞，围墙与石棚盖不相连接，留有空隙。南边无遮石，只用砾石围了一圈"。可见这座石棚墓至少在当时发现时，北边还保存有大石围成的墓壁，说明该石棚墓在四角支石之间原先是建有墓壁的，发现时其他东、西两面不见围石可能是已遭破坏。根据这一资料，我们可进而推知这类四角立柱式的石棚墓，其四角柱状支石之间原先至少在三面有石砌墓壁，否则无法构成墓室。现存苍桐 M1、M2 和仙岩 M1 中都未见墓壁迹象的现状，必须考虑到墓壁已被破坏的情况。由于这类墓壁并非与四角支石和盖石一起建成，而是在盖石加盖好后再附建上去的，构建墓壁的石块不直接支撑盖石，不受盖石的重压，故壁石容易被破坏拿掉或者倒塌。

第五类　盖石墓，即以往所指的大石盖墓。可以瑞安岱石山 M10、M23 和草儿山 M1~M3 为代表。此类石棚墓盖石下没有高大直立或侧立的支石，只垫支低矮的块石，墓室不但在地面以下，而且显得十分低矮，与上述墓室建在地面上、有高大或者比较高大墓室空间的四类石棚墓存在明显差别。盖石之下的墓室情况比较复杂，从岱石山发掘情况看，有的仅用自然小块石垒砌出十分低矮的地下墓穴四壁，上面压盖大石，如瑞岱 M10，墓坑仅长 1.5 米，宽 1 米左右，残深 0.2 米，四周用块石砌壁，这种情况基本可以称之为"石圹型"；有的则为纯土坑，无石块砌壁现象，土坑上面直接压盖大石，如瑞岱 M23，土坑仅长 1.1 米，宽 0.9 米，最深 0.4 米，没有用块石砌壁，此种情况可以称之为"土坑型"；有的则是大盖石下四周地面上均有块石支垫，只是这些支石大小不一，排列不紧密，又十分低矮，没有形成比较明显整齐的墓壁，现存比较完整的瑞安草儿山 M1~M3 明显属此种情况，瑞安杨梅山 M1，苍南桐桥的 M3、M5、M6、M7，仙居岩石殿北处石 M2~M5，基本都应属于此种类型，现存盖石下明显可见十分低矮的小块状或条状支垫石，明显与已经发掘的岱石山 M10 和 M23 所见情况有所不同，或许还有在盖石之前先在土坑四周垫以块状支石的做法，这种情况可称之为"垫石型"。因此，这类盖石墓可能至少还可细分为石盖石圹墓、石盖土坑墓和石盖垫石墓三种类型。此类盖石墓虽在整体形制结构上与上述四类石棚墓差异较大，没有棚子似的地面空间，不像"石棚"，但用独块巨石盖顶这一特点却与上述四类完全一致，而且在分布和内涵方面也都与上述四类石棚墓相同，它们之间应该具有内在的密切关系，因此，可以考虑将其作为石棚墓葬一种大的类型来加以认识和区分。与浙南相近的我国东北地区以及韩国、朝鲜和日本都有此种类型的墓葬存在，学者过去一般不将其纳入石棚墓范畴进行研究，而称之为"大石盖墓"或"大盖石墓"。作为对东北石棚墓研究的最新成果，华玉冰先生在 2011 年出版的《中国东北地区石棚研究》一书中开始将这类墓葬列入石棚墓范畴，称其为"盖石墓"，将它作为广义石棚墓中的一个大类型来进行区分、认识和研究[1]。韩国学者同样把此类墓葬列入支石墓的研究范畴，一般称之为"盖石式支石墓"。

从数量上比较：以上五类石棚墓以第一类数量最多，占已知石棚墓的绝大多数，瑞安岱石山三十几座石棚墓多属此类，瑞安棋盘山石棚墓以及平阳龙山头 M1 都应属于此类，可以认为这是浙南石棚墓的主要形式；其次是第四类和第五类，而第二类和第三类都只是个别现象。

从规模上比较：第四类四角立柱式石棚墓，多数是巨大型石棚墓；第一类石棚墓的规模有大有小，大者可接近第四类；第二类石棚墓的平面规模与室内空间高度与第一类中的较大型石棚墓相仿；第四类石棚墓的规模偏小；第五类盖石墓的规模均显得小而低矮。

---

[1] 华玉冰：《中国东北地区石棚研究》，科学出版社，2011 年。

　　从营建方法上比较：关于石棚墓壁支石的构筑，第一类石棚墓都将支石的下端埋入土中来使支石直立、固定和平衡，以承盖石，其埋立方法有两种：第一种是内外堆筑护土，即在选定的营建位置上，内外均堆筑大量的泥土来固定紧密排立的长条或长方形支石，以此构筑出三面壁体。这种方法由于既不挖坑，又不挖立石基槽，故内外填土均需很厚（已发现的石棚中填土最厚达0.8米），否则难以固定尚需支撑巨大盖石的支石。为了加强支石的稳固性，在支石外侧堆筑护土前又往往先支衬小块石，而内侧则不见这种支衬现象。第二种是挖掘基槽，即在地面上先挖掘出三壁立支石的基槽，再将长条或长方形支石之下端放于槽内埋入地下，再用泥土和小石块将槽内尚存的空隙填实，使支石牢固竖立形成墓壁，然后在室内填筑一些泥土以使平整。支石埋入地下的深浅则根据石块的长短大小和石棚所需的高低而不同。由于开采取用来的支石在构建石棚时不再进行比较精细的加工，其长短不一，再加上山坡高低不平的因素，因此将石块较长者埋入地下深一些，以此来保证支石高度的一致性和上端的平齐性，以便于架置盖石（已发现的石棚中支石最深埋入地下达0.5米以上）。当然，有的石棚会将上述两种方法兼而用之，在挖槽埋立支石之后再内外填筑一些护土，以使立石更为牢固。第二类石棚墓壁的营建方法，是将几块大型石块直接摆放于略经平整的地面上，直接构建成三面壁体。这种构筑方法由于所使用的石块并非厚度较薄的长条或长方石，而是十分厚实又不成形状的不规则大型块石，其自身不用任何加固措施便可稳固地平置于地面，架上盖石后也不会倾倒，因此，既不需内外堆筑护土，更不用挖基槽将支石下端埋入地下。第三类石棚墓支石的营建方法与第二类基本相同，由于每面墓壁都是由独块侧立的支石构成，支石既巨大又厚实，并且相对比较低矮，因此，立支石时基本不需在岩基上挖掘基槽，而是直接摆置在略经平整的地面上。第四类石棚墓规模巨大，重达数十吨的巨大盖石需要完全依靠四角支石来支撑，故四角支石不但埋入地下很深，而且支石的体量都显得十分粗大，如苍桐M1四角支石的横断面长0.7~1.1、宽0.45~0.7米，苍桐M2四角支石横断面长0.65~0.75、宽0.45~0.7米；仙岩M1保存完好的北边支石下部宽1.6、厚0.55米。第五类盖石墓的营建则比较简单，或挖坑后用块石垒壁然后盖石，或大盖石直接压盖在土坑上，也有的在盖石前于土坑周围先垫支几块小石块。

　　根据岱石山的发掘情况，从结构保存比较完整的石棚墓遗迹中可以清晰地观察到，上述五类石棚墓中，第一类具有明确的墓门，第二、三、四类石棚墓因数量不多，结构保存又不完整，没有看到明显的墓门迹象，但估计原先也同样应有墓门设置，而第五类因墓室在地下，又低矮狭窄，应没有墓门。墓门多数设在墓室长的一面，最明确最具代表性的是瑞岱M19、M24、M27和M33。但也有个别石棚墓的墓门可能设在墓室短的一面，如瑞岱M20可能就是一例。该石棚基本完整保存东、西两面侧壁，每面墓壁均由多块长条形支石组成，但南北两面未见有支石残留。石棚平面形制呈南北向长方形，长约2.8、宽1.3米，既然东西两个长侧面均有完整墓壁支石保存，那么，墓门无疑只能在南端或北端某一个短边，表明可能有少量石棚墓的墓门是开在短边的。从岱石山发掘所见，石棚墓门的朝向明显无定制，完全是随着所在地点的地势不同而有所变化，但墓门朝向下坡则是所有石棚的共同规律。山坡朝南处的石棚，墓门就开在南面；墓向朝南、山坡朝东处的石棚，墓门就开在东面；墓向朝东、山坡朝西或朝北的石棚，墓门就分别在西面或者北面。

　　关于各类石棚墓之间的关系问题，因浙南石棚墓发现的数量有限，破坏又普遍严重，发掘者大多被破坏殆尽，有的出土物很少甚至没有，无法开展分期上的研究；某些类型的石棚墓甚至还没有得到发掘，年代尚不清楚；调查发现的石棚墓大多难以采集到遗物，年代无依据判定。因此，根据目前资料，还不足以明确判断上述五类石棚墓是否有早晚先后的演变关系以及具体的演变历程，因为演变关系并非是分类必须要解决的问题，更不是分类一定能解决的问题。根据岱石山发掘出土残存遗物和其他调查采集的少量遗物，数量占多数的第一类石棚墓，有的早在西周中期，多数为西周晚期至春秋初期，也有晚至春秋中晚期的。但在属第一类石棚墓的棋盘山石棚墓中曾采集到一件印纹硬陶罐，其时代可早到商代晚期，说明第一类石棚墓至少在商代晚期就已经出现，是目前所知浙南最早的石棚墓。这类石棚墓一直到春秋中晚期还有存在，说明其延续的时间很长。第二类和第三类石棚墓在岱石山发掘中都只见到一例，分别为 M28 和 M13，已被破坏的石棚墓中有否此种类型不得而知，但现存其他地点的石棚墓都没有此种类型。岱石山 M28 有少量遗物出土，其时代在西周晚期至春秋初期。岱石山 M13 根据出土遗物，其时代也在西周晚期至春秋初期。第四类石棚墓在岱石山发掘中没有见到，苍南桐桥和仙居岩石殿调查发现的此类石棚墓未能采集到遗物，年代很难判断。1956 年在岱石山东山脊发现而后来已被破坏的东面一座石棚墓，可能也属此类型。当时调查发现时看到"里面有几何印纹硬陶片的堆积层。在石棚附近采有石锛一件，残石环一件，和一些方格纹陶片"，但当时既没有对石棚墓的年代作出判定，也没有刊发这些遗物的线图和照片，因此，现在也很难判断其年代。这样，第四类石棚墓的整体年代很难作出明确判定。第五类盖石墓在岱石山发掘出遗物的有 M10 和 M32，所见少量遗物的时代都是在西周晚期至春秋初期。瑞安草儿山新发现的 3 座石棚墓，从采集遗物看时代也在西周中晚期。而瑞安杨梅山石棚墓，从调查发现时采集到的原始瓷盅式碗残片等遗物看，年代应该在春秋中期偏晚阶段，比岱石山 M10、M32 和草儿山石棚墓时代要晚。由此表明，第五类盖石墓的存续时间至少在西周中晚期至春秋中晚期。总之，从现有材料看，有比较明确的整体存续时间的只是第一类和第五类石棚墓，其中第一类石棚墓出现时间较早，为商代晚期，而流行下限二者基本相同，都是到春秋中晚期。其他三类石棚墓很难作出整体存续时间的判断。因此，这五类石棚墓彼此之间的先后关系不是很明朗，它们是同时共存的还是有早晚演变关系也很不清楚。我们初步推测，这些不同类型的石棚墓不一定具有形制上的早晚演变关系，其形制和规模大小上的差别可能与墓主人的身份和地位有关，或许是等级高低上的反映，这也是古代墓葬普遍存在的客观现象。

第三节　浙南石棚墓的文化内涵和年代

　　根据岱石山石棚墓的发掘情况，可知石棚内的遗物有原始青瓷、素面硬陶、印纹硬陶、泥质陶、夹砂陶、青铜器和石器等多种不同质料的器物。其中以原始青瓷的数量最多，素面硬陶也较为常见，印纹硬陶出土不多，但在扰乱土中残碎片较多，可能与印纹硬陶往往器形较大容易破坏有关，泥质陶和夹砂陶的数量很少。所出土的素面硬陶大多是内外表面施有无光泽黑色涂层的着黑陶。出土遗物按用途分类，既有豆、碗、盂、碟、尊、罐、瓿等陶瓷饮食器、盛储器和礼器，也有青铜镬、凿、锸和陶纺轮以及石棒、石球等生产工具，另外还有剑、戈、矛、镞等用于搏杀的青铜兵器。同时，内涵中还有一个非常重要的现象，就是在个别石棚中发现有上下间隔叠压的两层遗物，上下层器物具有时代上的早晚差异，表明两层器物并非同时间一次性形成，而是形成于不同的时间，由此说明石棚有先后两次使用埋葬的现象。出土物中，原始瓷、印纹硬陶以及青铜器的存在，表明石棚应是青铜时代的遗存，其整体年代应属商周时期。出土原始青瓷和印纹硬陶的器形和纹饰特征，都与浙江其他地区同时期土墩墓和居住遗址出土的同类器物相一致，因此，两者在年代上具有可比性。对照我省已基本建立起来的土墩墓分期序列[1]，可知岱石山发掘的石棚墓群的整体年代在西周中期至春秋晚期。

但是，这仅仅是岱石山所发掘的石棚墓的年代情况，这些已发掘石棚墓的年代并不一定能完全代表整个浙南石棚墓的整体年代。对于整个浙南石棚墓总体年代的判断，我们还必须考虑到分布在岱石山以外其他地点石棚墓的年代情况，也必须注意到在调查时发现的采集品。我们在本书第一章第二节中已提到，根据俞天舒先生在《瑞安石棚墓初探》一文中的报道，1983 年调查发现时，分别在岱石山、棋盘山和杨梅山石棚墓内或周围采集到少量遗物，这些遗物属于石棚墓随葬品应无问题。其中岱石山曾出土或采集到 5 件器物，分别为原始瓷敞口折腹尊 1 件（完整）、原始瓷筒腹罐 1 件（完整）、原始瓷直口浅腹圈足豆（碗）1 件（残破大半）和硬陶筒腹罐 2 件（完整）。其中原始瓷尊是调查时通过试掘而出土于石棚之内，其他 4 件则采集于被破坏的石棚墓域内或墓域周围。俞先生认为，原始瓷筒腹罐和豆以及硬陶筒腹罐这 4 件器物都是西周春秋的遗物，而原始瓷尊，经过多方比较研究后认为"它的制作年代不会迟于晚商至西周早期"。据此，他对瑞安石棚墓年代的判断是"上限可到晚商，下限不会迟于春秋"。但实际上，从器形、胎釉和纹饰特征上看，该原始瓷尊应是西周中晚期的遗物，俞先生对其年代判断过早。因此可以认为，当年岱石山调查采集或试掘出土遗物的年代也完全在发掘材料所显示的整体范围之内，尽管有些石棚墓在发掘时已遭完全破坏而年代不详，但依据调查和发掘所见材料，岱石山石棚墓群的年代上限到不了商代晚期。

1983 年调查发现时，曾在棋盘山石棚墓内采集到一件原始瓷罐残件和一些印纹硬陶片，印纹硬陶片经拼对复原为一件印纹硬陶罐，只是报道中没有说明两件器物采集于同一石棚之内还是分别采集于两座石棚。其中原始瓷罐的时代在西周中期前后，而印纹硬陶罐的时代却显得较早。该印纹硬陶罐敛口微侈，折肩，腹部缓收，平底，口大于底，最大腹径在肩部，器形不甚规整，颈肩部在上下各两道不甚平行的弦纹之间刻划斜向篦点纹，腹部拍印不甚整齐的折线纹，器表着黑，体形较大，口径 22、腹径 26、底径 11、高 15 厘米。俞先生认为这是西周春秋遗物，但从造型特征看，该器物的年代应属商代晚期，说明棋盘山有比岱石山年代更早的石棚墓，可早到商代晚期。这是浙南石棚墓发掘出土和调查采集遗物中年代最早的一件器物，可作为我们判断浙南石棚墓整体年代上限的依据。

---

［1］陈元甫：《论浙江地区土墩墓分期》，《纪念浙江省文物考古研究所建所二十周年论文集》，西泠印社，1999 年。

　　1983 年调查发现时，于杨梅山石棚墓采集到 1 件可复原的原始瓷盅式碗残件和 1 件完整的石镞。从盅式碗"侈口，直壁，假圈足，口唇上旋凹弦纹一道，内底上有密集匀称的螺旋纹"的器形特征看，其时代明显已在春秋中期偏晚阶段，与岱石山 M2 晚期墓、M33 和 M34 的年代基本相当。

　　这样，综合目前发掘和调查资料，基本可判定浙南石棚墓的总体年代上限可到商代晚期，下限至春秋晚期，它们在浙南沿海地区大体存续了六七百年的时间。

第四章　研究与探讨

第一节　浙南石棚墓的性质认定

由于浙南石棚遗存是一种下有支石、上用独块巨石盖顶的石构建筑，形制特殊，构建不易，遗存的分布范围又局限于浙南沿海较小区域，更使它在不为人知的基础上增加了几分神秘的色彩。加之一些近代的口碑传说，当地民间对此类遗存至今有"仙人棋盘""仙人桥""仙人岩""棋盘石""抬石墓"等称呼，对其本来面目和真实用途存在着一些猜测和疑惑，或认为是一种宗教祭祀建筑物，或推断是氏族部落活动的公共场所，或认为是一种墓葬。1956年最早在岱石山东山脊发现石棚时，"因石棚室内的文化堆积层未经正式发掘，对其文化性质尚不够了解"，当时没有给予明确定性，只笼统地称其为"石棚建筑"。此后较长一段时间少有这类遗存发现的报道，也基本无学者对浙南此类遗存的性质问题进行研究探讨。直至1983年因全省开展文物普查而陆续在瑞安岱石山西山脊、棋盘山和杨梅山新发现一批石棚遗存之后，这类遗存的功能性质问题才开始引起学者们的重视和讨论。瑞安市文物馆的俞天舒先生首先撰文认为这类遗存是墓葬，他在有关调查资料的报道和研究论文中，已明确称之为"石棚墓"。虽然俞先生在文章中没有详细阐述认定其为墓葬的依据和理由，但这一"石棚墓"观点的提出，对于研究探索这类遗存的性质与用途无疑是一个良好的开端[1]。1993年，通过对岱石山二十多座石棚遗迹的发掘，对石棚遗存的分布特点、形制结构、文化内涵等方面都有了比较深入具体的了解，为探讨这类遗存的性质用途提供了基础与可能。依据野外发掘和其他调查资料，综合分析石棚的分布状况、形制结构和内涵特点，并且参考东北地区石棚墓材料，我们认为这类石棚确实是商周时期分布在浙南沿海地区的一种形制特殊的墓葬，而不会是宗教祭祀建筑物等其他性质的遗存[2]。

首先，石棚遗存的分布状况具有墓葬特征。我们在本书第三章中对浙南石棚的分布特点的分析总结中指出，浙南石棚的分布除了分布区域很小以外，还具有在山脊山顶上和山麓与平地共存、群状分布与零星状分布共存、不同规模与形制同地共存这几个方面的特点。浙南已发现的几处石棚遗存，除了主要分布于山脊和山顶之外，也有分布于平地上的。其分布密度除了像瑞安棋盘山、杨梅山、草儿山和平阳龙山头石棚那样稍呈零星状外，也有

[1]俞天舒：《瑞安石棚墓初探》，《东南文化》1994年第5期。
[2]浙江省文物考古研究所：《瑞安岱石山"石棚"和大石盖墓发掘报告》，《浙江省文物考古研究所学刊》，长征出版社，1997年。

像瑞安岱石山那样显得相当密集的集群状态。岱石山上原来共有三十多座石棚集中分布于一条不足 500 米的山脊上，分布成群，显得十分密集。这些石棚都建在从低处到山顶的整条山脊上，它们沿着山脊的脊线或脊线两侧，时而密集，时而稀疏，往往在平缓地段分布密集一点，而山势陡峭地段则分布稀疏一些，其分布的密集和稀疏随着自然坡势变化而有所不同，而且石棚的朝向也是随着山脊或山坡走向的变化而变化。分布在同一地点的石棚又往往规模大小不一，形制结构也不尽相同。浙南石棚所见的这些分布特点，都符合古代墓葬一般的分布特征。更何况这种分布特点，恰恰又与同时期位于浙江杭嘉湖、宁绍和金衢地区的土墩墓分布特点相类同。迄今为止的大量考古调查和发掘材料表明，土墩墓是广泛分布于浙江大部分地区的一种商周时期墓葬，绝大部分分布在山脊或山顶上，部分地区也有建在山下或山麓的平地上。土墩墓的分布也有疏有密，有的地方数量较少，分布显得比较零星，但有的地方数量众多，在山脊、山岗和山顶上往往形成串状分布，显得相当密集。例如长兴便山总长不足 5 千米的三条山脊与山岗上就分布有土墩墓 117 座，它们随着山脊坡度的陡缓变化而时疏时密，平面分布呈串状和群状。土墩墓的方向（主要指石室土墩墓）没有定制，而是随着山脊、山岗走向的变化而有所不同。另外，分布在同一地点或山脊上的土墩墓往往也是有大有小，不同规模的土墩墓常常分布在一起，而且在形制结构上，有的是内无石室的土墩墓，有的是内有石室的土墩墓，两种类型的土墩墓共存一地。因此，两相比较，浙南石棚所具有的分布特点与同时期土墩墓的分布特点是完全相同的，所显示的是一种墓葬的特征。

其次，石棚遗存作为墓葬，可以在第五类石棚（大石盖墓）与之共存的分布现象中得到佐证。在本书第三章第二节的分类讨论中，以岱石山 M10 和 M23 为代表的第五类石棚遗存，由于是一种向地下挖坑的形式，空间在地面以下，虽然也用整块大石盖顶，但没有或基本没有地面空间。地面上压盖的盖石之下，有的用块石垒砌出石壁，有的没有砌石壁直接为土坑，有的则在盖石下有块石垫支，盖石下的地下空间显得极其低矮。我们恐怕很难质疑这种遗存作为墓葬的可能性，岱石山 M23 中人骨遗存的发现，则为这类遗存是墓葬的性质认定提供了直接证据。这类石棚也分布在山脊线上或山脊线两侧，分布地势也有低有高，分布高的甚至接近山顶。从分布特点上考察，它们与其他几类石棚没有区别。而且所见此类遗存多非单独分布，往往是与其他几类石棚同地错杂共存。这种共存现象，足以表明两者功能性质上的同一性。不同类型的同时代墓葬共存于同一山脊、山岗和平地上的现象，恰恰又为浙江其他地方土墩墓分布中所常见，因为墩内有石室的土墩墓和墩内无石室的土墩墓也往往是错杂共存一地的。另外，从此类石棚被扰乱破坏后所采集到的遗物看，其随葬品也为原始瓷的豆、碗、盂、罐和青铜的镞、矛等，其内涵情况与其他几类石棚内涵完全相同、时代也基本一致。因此，这第五类可以明确判定为墓葬的石棚与其他几类石棚的共存，足以证明其他几类石棚也应该是一种墓葬。

再次，在形制结构上，石棚遗存也明显符合墓葬特征。从发掘和调查情况看，石棚的室内空间大多显得比较低矮，尽管其平面大小普遍长 2、宽 1 米以上，但高度普遍矮小。虽有一小部分大型石棚的室内高度较高，像苍桐 M1 室内高度可到 1.3 米左右、苍桐 M2 室内高度甚至可到 1.8 米左右、瑞岱 M34 室内高度可到 1.3 米左右、瑞岱 M21 的室内高度也可到 1.2 米左右，但绝大部分石棚的高度均不足 1 米或仅 1 米左右。如此低矮的室内空间，人往其内，只得躬身甚至匍匐而入，无法直立自由活动，而用作埋葬尸体或尸骨倒是显得比较适宜。因此，这种低矮的室内空间所显示的也是一般墓葬的特征，除了用作墓葬之外，恐很难作为他用。

当然，从形制结构角度的分析考察来论证石棚属墓葬性质之时，还必须涉及它的封门问题。从岱石山发掘情况观察，凡是平面结构保存比较完整的石棚遗迹，都只有三面用竖立支石构成的墓壁，往往是向下坡的一面不见支石墓壁。现今当地年长村民在儿时都见到石棚一面洞开并经常到里面躲风避雨的说法，也印证了石棚原先只是三面建有石壁的事实。说明至少石棚保存到被破坏前的近代时期，都是上有盖石，其下三面石壁、一面敞开的状态。如此三面有壁一面洞开的形态，似乎与作为墓葬应具备的全封闭式结构形式相悖。但我们认为，现在看到一面无石壁洞开的状态，不应该是石棚的原始面貌，当时营建时空出一面不直接立支石建墓壁，显然是为了留作墓门而供埋葬时使用，人们在完成埋葬后，肯定是将其封堵住的。只是在埋葬完毕后再封堵，一不用挖槽将下部埋入地下或内外填筑护土加固，二不直接受力支撑盖石，可能并非与其他三壁一样利用多块长石排立作壁，而是仅仅用块石垒叠或用其他材料封堵，总之这一后建的封门墙是容易倒塌或被破坏的。而且从营建和营建后埋葬使用的角度考虑，由于盖顶的是独块巨石，起初也只能先建好三面墓壁，必须要先空出一面以待埋葬时进出，待埋葬完毕后才能进行封闭。如若一开始就同时建好四壁，上置巨大盖石后，四壁支石均被盖石压住、都直接支撑住盖石，是无法进入室内进行埋葬的。三面石壁、一面洞开作门，又反证了这类石棚作为墓葬的用途。从墓室的营建过程和先后程序讲，建造时先留一门，埋葬后再行封堵，这几乎是从古到今砖室墓和石室墓的普遍做法。因此，石棚在营建时先空其一门的做法，符合一般墓葬的普遍特征。

为了能充分说明这一问题，我们有必要参考其他地区的石棚材料。现存于我国东北地区的多数石棚墓，盖石下也只有三面壁体，另一面往往不见埋立的壁石而洞开着，但也有少数石棚至今保存有四面壁体，保留着全封闭式的结构原貌。这些四面留有壁石的石棚墓中，其某侧壁石的埋立有两种情况："一种是该侧壁石小于对侧，埋立后仅只封挡住该侧之一部分。如海城析木城石棚，南壁不到顶，只封挡下部一半。柳河大沙滩 1 号、朝鲜五德里 1 号石棚南壁石虽能撑住盖石，但均只封挡左侧一部分。另一种是该侧壁石虽与对侧石材大小相若，但却是后附上去的。这类墓目前只见庄河白店子和夏县华铜矿石棚两例，以前者为例，其西壁石埋立不到顶，即不支撑盖石，下部侧视与侧壁石端留有 30 厘米的空隙，没有合严。"[1] 这些实例足以说明，东北地区石棚墓营建时也是只建立三面墓壁，先留出一面作为墓门，埋葬结束后再将墓门封住。墓门原来应该是封住的，只是"因其封门石是后放上去的，与其他壁石套合不紧，容易先倒"[2]，也容易被人取走。因此，现存洞开一面者必须考虑到封门遭自然或人为破坏这一不可忽视的因素。对照东北地区石棚墓的营建，浙南石棚营建时先空

[1] 王洪峰：《石棚埋葬研究》，《青果集——吉林大学考古专业成立二十周年论文集》，知识出版社，1993 年。
[2] 许玉林：《辽东半岛石棚之研究》，《北方文物》1985 年第 3 期。

其一面作为墓门，二者何其相似。

最后，石棚内出土物也具有墓葬随葬品特征。众所周知，任何一种考古学遗存，往往都会具备能反映其功用性质的特定内涵。岱石山石棚调查时，就出土或采集到一些被扰乱破坏的陶瓷器碎片和可复原的残器。在 1993 年进行的发掘中，虽然因石棚破坏严重而残留遗物不多，但发现遗物的现象还是比较普遍的。而且，从保存比较完整的石棚情况看，当时埋藏在室内的器物数量也是比较丰富的，如岱石山 M19 共出土遗物 16 件，岱石山 M33 共出土遗物 10 件。不少石棚遗迹中虽因破坏严重而无完整遗物出土，但在遗迹上或遗迹周围的扰乱土中，或多或少地可以发现一些室内器物被破坏后的残器或碎片。因此，完全可以肯定，当时石棚内都是埋有一定数量器物的，室内埋藏有器物是浙南石棚的普遍现象。而室内埋藏有一定数量的器物用作墓葬的随葬品，也符合古代墓葬的基本特征。

仔细考察石棚内出土物，尽管出土数量一般都不多，但从这些出土物中我们基本可以看出，石棚内放置的器物不但具有一定的数量，更重要的是有不同的用途，这些器物成组成套，具有比较明确的组合关系。最常见、最基本的遗物是作为饮食器的豆或碗、盂、碟以及作为盛储器的罐、瓿等日常生活用品，此外，遗物中还有陶纺轮、石锛、石棒、石球以及青铜镬、刀、凿、锸等工具以及青铜剑、戈、镞等兵器，甚至当时可能也是被作为工具使用的石球在石棚内也有出土。如保存较好的岱石山 M19，出土的 16 件遗物中，就有原始瓷盂 4 件和碟 2 件、硬陶豆 2 件、罐 2 件和盂 1 件，另有石球 4 枚和小扁石 1 块；岱石山 M33 出土的 10 件遗物中，有原始瓷碗 7 件、小鼎 1 件、印纹硬陶罐 1 件、瓿 1 件。很显然，这种由不同用途的遗物构成的内涵情况和组合关系，明显具有墓葬随葬品的特征。

另外，石棚中还发现有一些不具有实际使用功能的遗物，如岱石山 M30 出土的一套小编钟，不仅通高仅 3.7、宽 2.4~2.8 厘米，而且器壁仅厚 0.1 厘米，出土时已基本腐朽疏碎无法取起。这种体形极小、壁薄如纸的编钟，完全没有实际使用价值，显然是根据实际使用的实物微缩了的仿制品，将其埋在石棚内只是起着象征性的作用，属于墓葬明器的性质。在其他出土的陶瓷品中，泥质陶和夹砂陶器物火候之低、质地之软，根本不堪实际使用。出土后也难以修复。所见的小鼎，其泥质陶的质地和乳丁状的小足，表明它决非实用之物，显然是墓葬明器。而不少石棚中出土的泥质陶纺轮，质地也十分松软，显然亦非实用器。这类泥质陶纺轮也常见于其他地区同时期土墩墓中。由此可见，置于石棚中的部分遗物明显具有墓葬明器的性质，它们的存在也为我们确认石棚遗存的墓葬性质提供了重要依据。诚然，石棚内出土的大部分是可以实用器，如原始瓷豆、碗、盂、罐，印纹硬陶罐和瓿，青铜剑、戈、镬、锸等，但它们与不能实用的明器共存，说明它们也应是墓葬随葬品。

在考察浙南石棚内涵所反映的墓葬特性时，有一个现象更能说明问题，即有的石棚中存在上下叠压的两层器物，有二次使用的迹象。如岱石山 M21 就是典型一例。该石棚有一部分虽已遭到破坏，石棚平面范围并不完整，但保存范围内发现明确具有上下叠压关系的两层器物。两层器物上下间隔 30~40 厘米，其间用较多的石块夹泥土填隔。上层器物 4 件，置于块石层上，应该是石棚的第二个使用底面，器物全为原始瓷制品，有原始瓷豆 2 件、盂和碟各 1 件。下层器物 3 件，直接置于比较平整的生土面、即石棚的第一个使用底面上，器物皆系原始瓷豆。比较上下两层器物，无论在器物的形态上，还是在胎釉特征上，均存在比较明显的差异。下层原始瓷施釉甚薄，釉层很不明显，未见明亮的玻质感，釉面大多呈黄绿色，胎釉结合也不牢固，失釉和脱釉现象严重；所见的原始瓷敞口豆，豆盘宽大且深，豆把相对较高，豆盘外壁有两条粗凹弦纹。上层原始瓷施釉甚厚，有明亮的玻质感，釉面大多呈青绿色，有凝釉、积釉和釉层斑脱现象，多数器物外底可见刻划符号，一件盉的肩部还饰有斜向排列的篦点纹和两只横"S"纹堆贴；所见的敞口豆，豆盘显得小而腹浅，盘壁陡直，豆把也较下层器物低矮，已接近碗的形状，外壁虽同样施有弦纹，但弦纹显得多而细密。按照我们对浙江地区商周时期原始瓷制品分期研究的认识，该石棚下层器物的年代在西周中期偏晚，上层器物的年代则在西周晚期至春秋初期，表明 M21 石棚内存在的上下两层器物确系不同时期的埋藏物，上下两层器物所具备的叠压关系显然是一种不同时期形成的地层关系。由此可以确认，该石棚曾经过不同时期的两次使用。这一重要野外迹象的发现，更为我们对石棚遗存是墓葬性质的认定提供了至关重要的考古学依据。实际上，M21 并非是孤例，石棚中存在的这种叠压现象在其他石棚中也有存在，只是由于破坏严重，野外迹象不明确而已，如岱石山 M2 很可能就有这种现象。岱石山 M2 石棚遭破坏严重，从遗存处出土或采集到 4 件遗物，但从原始瓷的胎釉和器物的造型特征观察，它们并非同时期遗物，其中原始瓷豆和盉属西周晚期至春秋初期遗物，另 2 件原始瓷盅式碗则属春秋中晚期遗物，表明该石棚可能也曾经两次使用。这种同座石棚经不同时期两次使用的现象，在其他地区与石棚同时期的石室土墩墓中也有不少存在。石室土墩墓中不但发现了不同时期的器物组分放于石室同一平面的前、后或前、中、后不同部位的现象，而且也发现了同一石室内有上下叠压的两层不同时期器物的重要迹象。据此，我们曾提出，不能以墩，而应以不同时期的"器物组"为基本的考古单位来认识这类遗存的性质，并认为同一石室内的不同器物组是这些石室经多次埋葬使用所形成的结果，可视作不同时期的墓葬[1]。正是由于这些重要野外迹象的发现，才为排除石室土墩作为藏兵、居住、祭祀等种种用途的可能性以及确立石室土墩的墓葬性质提供了具有说服力的考古学证据。毫无疑问，石棚与同时期的石室土墩墓中都存在埋藏上下两层器物的现象，不应是一种偶然的巧合，而应是同一时代不同地域或族群相同埋葬习俗的反映，其性质应该是完全相同的，也是先后利用同座石棚进行埋葬的结果，是不同时期形成的墓葬。因此，石棚内有上下两层器物这一野外迹象的发现，是我们认定石棚遗存应为墓葬的又一重要考古学证据。

　　以上我们从分布、结构和内涵等方面分析讨论了石棚作为墓葬的唯一可能性。我国东北地区石棚遗存墓葬性质的认定，也为我们推断浙南石棚的墓葬性质提供了有力的佐证。东北地区的辽宁和吉林两省是我国石棚分布的重点地区，但过去由于受考古发现的局限，对其性质用途也一直未取得一致认识。一些致力于石棚研究的学者，依据史书有关原始宗教的记载和当时社会的形态特点，或认为它是一种宗教祭祀建筑物，或推断它是氏族部落活动的公共场所，当然，也有一些学者认为它是一种墓葬。随着考古工作的不断开展和深入，考古工作

---

［1］浙江省文物考古研究所：《浙江长兴县便山土墩墓发掘报告》，《浙江省文物考古研究所学刊》，科学出版社，1993 年。

者相继在新金双房 2 号[1]、华铜矿[2]、庄河杨屯[3]、白店子[4]、盖县伙家窝堡 1 号与 2 号[5]等石棚中发现了人骨，这一突破性的发现，"进一步证明石棚为墓葬，石棚群就是石棚墓群"[6]。目前，东北石棚遗存属于墓葬性质已成为学术界的共识。浙南石棚除岱石山发掘的属于第五类石棚的 M23 中发现有人骨遗存外，其余发掘的石棚中都没有发现人骨遗迹，似乎缺少了认定石棚为墓葬的直接依据。但我们对此不能苛求，也无法苛求，因为作为墓葬，人骨能否保存牵涉气候、环境、墓葬结构、土壤等诸多方面的因素，故而绝不能以人骨的有无作为判断是否为墓葬的唯一依据。由于我国南方地区雨水过多，温暖潮湿，加之酸性土壤，人骨的保存环境很差，古墓中普遍尸骨无存。石棚这种完全裸露于山顶上又极不密封的石筑结构，更易使风雨侵入墓室而造成人骨过早腐烂不能久存。在江浙地区与石棚同时代的、墓上又有大量泥土堆封掩埋的土墩墓或石室土墩墓中，同样未能保留尸骨痕迹。实际上，在墓室保存有一定空间的墓葬中，尸骨痕迹丝毫无存的，甚至在江浙地区汉六朝及至唐宋墓葬中也是司空见惯的。因此，东北石棚墓葬性质的确定，无疑是我们判定浙南石棚遗存墓葬性质的有力佐证。

　　另外，与浙江隔海相邻的韩国、朝鲜和日本，也大量存在着这类遗存，其中韩国是这类遗存数量最多分布最为集中的，根据现有调查资料，共有 3 万多座，主要集中分布在西海岸地区，全南地区是最大的密集分布区。这些国家的学者根据这类遗存在一处地方集中分布形成群状、很多遗存内留有人骨以及遗存中都放有陪葬品这三个方面的证据，都确定这类遗存为墓葬，并称之为支石墓。浙南发现的石棚遗存虽在具体形制结构上与韩国、朝鲜和日本的支石墓存在一些差别，但在整体形制特征上是基本相同的，性质也应一致，其差别应为地域或族群的差别。

　　如上分析，我们确认浙南石棚遗存是一种商周时期的墓葬，而不可能是其他性质的遗存。

　　在这里，顺便简单讨论一下另外一个问题。致力于研究东北石棚的学者们认为，东北地区石棚遗存可分为两种类型，即墓葬石棚和祭祀石棚，前者完全为墓葬，可简称为"石棚墓"，后者不具有墓葬功能，或是一种与祭祀有关的石构建筑，可简称为"石棚"[7]。另有学者还认为，石棚的性质主要是一种墓葬，同时也包含有宗教祭祀纪念物的性质，即石棚在用作墓葬的同时也兼有祭祀的作用，因此，它们既是墓葬，又是祭祀场所[8]。目前所知东北地区祭祀石棚的遗存有支石状、人字形、品字形、柱状等形态结构。而从发掘和调查所见浙南石棚的形制结构、建造特点和出土遗物情况看，似乎并不存在像东北地区那种完全用于祭祀的石棚。至于有否墓葬兼祭祀场所的可能，我们认为，对一种古代遗存的性质判断，应该主

[1] 许玉林、许明纲：《新金双房石棚和石盖石棺墓》，《文物资料丛刊》第 7 辑，文物出版社，1983 年。
[2] 许玉林、许明纲：《辽东半岛石棚综述》，《辽宁大学学报》1981 年第 1 期。
[3] 许玉林、许明纲：《辽东半岛石棚综述》，《辽宁大学学报》1981 年第 1 期。
[4] 许玉林、许明纲：《辽东半岛石棚综述》，《辽宁大学学报》1981 年第 1 期。
[5] 许玉林：《辽宁盖县伙家窝堡石棚发掘简报》，《考古》1991 年第 9 期。
[6] 许玉林：《辽宁盖县伙家窝堡石棚发掘简报》，《考古》1991 年第 9 期。
[7] 华玉冰：《中国东北地区石棚研究》，科学出版社，2011 年。
[8] 辽宁省文物考古研究所：《辽东半岛石棚》，辽宁科学技术出版社，1994 年。

要依据最初建造这一遗存的目的和意图，即它最初形成时的用途是什么。作为墓葬，子孙后代或其他后人对其进行祭祀纪念活动，石棚成为子孙后代或后人进行祭祀和纪念活动的对象与场所，这都是很自然的事情，但那都是墓葬形成以后的事情，都是因墓葬存在而衍生的功能，这种衍生功能并不能影响和改变其原来的墓葬性质。

第二节　浙南石棚墓与东北石棚墓的比较研究

地处东北地区的辽宁和吉林两省，是我国石棚墓分布的重点地区，主要分布在辽东半岛和吉林省的西南部，其数量比浙南要丰富得多。据华玉冰先生的最新统计，中国东北地区目前已知石棚墓中，立支型石棚墓的地点至少有100余处，墓葬数量超过300座；围砌型石棚墓3个地点；盖石墓至少已有129个地点，390座以上[1]。东北地区石棚墓数量颇为可观，其中一部分已进行了发掘。综合调查和发掘所见，东北地区石棚墓的分布特点是：大部分坐落在临河呈蘑菇状的丘陵台地上，少数在平地，很少在高山峻岭上，一般是一个或两个单独分布，也有三四个或更多的石棚墓在一起形成石棚墓群的，多数石棚墓所在地或附近有遗址。主要的形制和构筑特点是：均裸露于地表，盖石和壁石多经精细加工，大都是用埋立的三块石板围成三面墓壁，即三面墓壁均是整块石板构成，再以独块巨石盖顶，先空其一面作为墓门，待埋葬结束后再用整块石板将墓门封堵。墓底也大多铺有整块石板，有的石棚墓还在两侧壁石的下部或一端凿出对称的凹槽，以便嵌入底石或后壁石，使整体结构更为紧密和牢固。以许玉林先生为代表的一些学者，按照规模大小、制作精简以及盖石与壁石的不同，将东北地区石棚墓分为大、中、小三种类型[2]。

第一类：大石棚。一般石棚高约2米左右，盖石长宽4~5米。最大的盖县石棚山石棚，室内长2.75、宽2.10、高2.33米，盖石呈扁平长方形，长8.6、宽5.1~5.7、厚0.4~0.5米。海城析木城石棚，室内长2.2、宽1.6、高2.24米，盖石呈长方形，长5.8、宽5.2、厚0.2~0.5米。这类石棚中用做壁石的石板均经精细加工，既平整又形状整齐，并凿有榫卯结构，盖石也同样薄而规整，壁石与壁石、壁石与盖石之间套合整齐紧密，没有缝隙，构筑精细，底部也铺有扁平大石板，石棚形状规整，结构牢固。盖石四周向壁石外伸出很宽，形成宽大的棚檐，前后伸出更长，形如古代帝王头上的冠冕。如盖县石棚山石棚的盖石东西两侧分别伸出壁石1.7米和1.6米，而南北前后两头伸出壁石外分别达2.8米和3.25米。海城析木城石棚盖石东西两侧和后（北）面均向壁石外伸出1.5米，而向前（南）面伸出壁石外达1.9米。这类大石棚往往单独存在于较高的台地和山丘顶部，规模巨大，气势宏伟。

第二类：中石棚。这类石棚在规模上介于大石棚和小石棚之间。一般高约1.3米左右，盖石长2~3米。此类石棚中，具有代表性的金县小关屯北石棚，室内长2.8、宽1.85、高1.35米，盖石残长4.3、宽2.5、厚0.15~0.45米；庄河白店子石棚，室内长2.4、宽1.75、高1.5米，

[1] 华玉冰：《中国东北地区石棚研究》，科学出版社，2011年。

[2] 许玉林：《辽东半岛石棚之研究》，《北方文物》1985年第3期。辽宁省文物考古研究所：《辽东半岛石棚》，辽宁科学技术出版社，1994年。

盖石长 4.35、宽 4、厚 0.14~0.50 米。这类石棚的壁石与盖石稍经加工但不太精细，形状也没有大石棚那样规整，壁石与盖石之间套合显得不太紧密，往往形成缝隙。底部也铺有石板。盖石伸出棚壁之外，但棚檐相对比较窄小，像庄河白店子石棚的盖石伸出壁石外仅 0.5~0.8 米。从整体上看，这种中石棚接近大石棚，但没有大石棚那样规整精细和宏伟壮观。这类中石棚大部分分布于较低矮的台地或平地上，有的和小石棚成群地交错分布在一起。

第三类：小石棚。这类石棚规模较小，石棚高仅 1 米左右，盖石长宽约 2 米左右。如岫岩兴隆小石棚，室内长 2.2、宽 1.2、高 0.75 米，盖石长 2.2、宽 1.6~1.8、厚 0.25 米。构筑石棚的石材很少有加工现象，形状不规则，壁石与盖石相互套合不严密整齐，往往留有缝隙。盖石为长方形和不规则形，有扁平和呈屋脊状两种，大部分与壁石平齐不出檐，形如棺椁状。多数没有铺底石。这类石棚多分布在较低矮的台地和平地上，以平地所见为多，往往成双成对或成群。小石棚有的还与大石盖墓共存于同一石墓群中。

另外，与上述三类石棚同时共存的还有一种大石盖墓，其形制大体可分为四壁以石板构筑的石盖石板墓、四壁用自然石块砌成的石盖砌石墓以及石盖土坑墓和石盖垫石墓四种类型。许玉林先生并没有将这类墓葬纳入石棚墓范畴。

华玉冰先生在其最新的研究成果中，对东北地区石棚墓的类型进行了进一步的研究和细致的划分。他以墓室高出地表之上与建于地表之下为划分标准，将中国东北地区的石棚墓葬分为两类，一类为石棚墓，另一类为盖石墓。对石棚墓，根据其构造方式的不同又分为两类：甲类为墓室以板石立支者，称之为立支型石棚；乙类为墓室以块石垒砌者，称之为围砌型石棚（实际极为少见）。其中甲类立支型石棚又细分为"嵌入"型立支型石棚、"搭接"型立支型石棚和"倚靠"型立支型石棚三类。对盖石墓，根据顶石与墓室之间的相对关系不同区分为两类：一是顶石即墓葬盖石的盖石型盖石墓，一是顶石仅为墓葬标志、不起封盖作用的顶石型盖石墓[1]。

东北地区石棚墓中出土的遗物，多是夹砂陶的侈口直领鼓腹平底壶和叠唇筒形罐，另外还有一些多瘤状石棍棒头、双孔石刀、石斧、石凿、石镞、石纺轮和石镞等。以上这些遗物，都与当地青铜时代遗址和其他类型墓葬的出土物相同，大都是青铜时代遗物。庄河杨屯有一座石棚中发现的人骨上有铜锈的痕迹，说明石棚墓内随葬了青铜器[2]。

关于东北地区石棚墓的年代问题，国内学者目前存在着几种不同认识，有人认为是新石器时代至青铜时代的遗存[3]。许玉林先生认为辽东半岛石棚墓的整体年代上限早不到新石器时代晚期，到不了 5000 年以上，并且大、中、小三种类型的石棚形制不同，年代上也有所不同。他认为大型石棚墓年代最早，为距今 3500~3100 年前，即公元前 1500~ 前 1100 年前；中型石棚墓的年代与大型石棚墓相当或稍晚，大体也在距今 3500~3100 年左右，即公元

[1] 华玉冰：《中国东北地区石棚研究》，科学出版社，2011 年。
[2] 许玉林、许明纲：《新金双房石棚和石盖石棺墓》，《文物资料丛刊》第 7 辑，文物出版社，1983 年。许玉林：《辽宁盖县伙家窝堡石棚发掘简报》，《考古》1991 年第 9 期。孙福海、靳维勤：《石棚墓考略》，《考古》1995 年第 7 期。许玉林、许明纲：《辽东半岛石棚综述》，《辽宁大学学报》1981 年第 1 期。
[3] 陈明达：《海城县的巨石建筑》，《文物参考资料》1953 年第 10 期。

前 1500~ 前 1100 年左右；小型石棚墓年代最晚，大体在距今 2500~3000 年左右，即公元前 1000~ 前 500 年左右，小型石棚墓应该是石棚墓中的一种退化形制[1]。王嗣洲先生认为辽东半岛石棚墓的上限为距今 3000 多年，即公元前 1000 多年，下限距今约 2500 年，即公元前 500 年前后[2]。华玉冰先生在其最近出版的《中国东北地区石棚研究》这本专著中，公布了他最新的研究成果，这一成果应该代表了他对东北地区石棚（石棚墓，盖石墓）年代上下限问题的最新认识。他认为："就已知材料看，石棚墓、盖石墓最早兴起于辽东半岛北部地区（一区），以伙家窝堡 3 号石棚墓、王屯盖石墓等为代表，其上限年代至少可追溯至商代早期，即前 16~ 前 15 世纪。"以吉林省南部的浑河上游和鸭绿江上游的石棚墓年代最晚，可延续到战国晚期甚至汉初，即公元 3 世纪前后[3]。

浙南石棚墓与东北地区石棚墓相比较，在分布特点上有相似之处，如大部分在临河丘陵台地上，少数在平地，很少分布在高山峻岭上，有一两座的零星状分布，也有很多座在一起的群状分布，独立分布于山顶或山岗上的石棚往往规模都比较大等等。在基本的形制结构和构筑特点上，两地石棚也有基本共同点，即地面埋立壁石构筑成三面墓壁，上用独块巨石盖顶，形成长方形或近正方形的墓室，一面留有墓门，整体形状为裸凸于地面的棚状巨石建筑，说明两地应是同一类墓葬遗存。墓室的规模也是有大有小，而且大小石棚墓同地共存。浙南地区所存大型石棚墓在规模上不亚于辽东半岛的第一类大石棚，如岱石山 M33 和 M34，墓室都长达 3、宽至 2.7 米。有的甚至更大，如苍桐 M1，依据现存四角支石位置，可知原先墓室平面范围可达长 4.8、宽 3.4~4.7 米；苍桐 M2，依据现存四角支石位置，可知原先墓室平面范围可达长 4.6、宽 4.4 米。这些石棚墓均比辽东半岛第一类大石棚大得多。

但两相比较，浙南除了第五类盖石型石棚墓（大石盖墓）与东北地区大石盖墓基本相同外，两地基本没有其他完全相同的石棚墓，在具体形制结构和构筑方法等方面都存在着比较明显的差异。主要表现在以下三个方面：

第一，形制结构和构筑方法上的不同。浙南地区所见的五类石棚墓，第一类在数量上占了绝大多数，是浙南石棚墓中具有代表性、最主要的形式。此类石棚墓的基本特点是每面墓壁均有多块长条或长方形支石紧密埋立而成，不管石棚规模大小，无一例外。即便是个别采用大型块石地面摆置法营建的第二类石棚墓，其三壁也至少由两块以上的块石组成。这些石棚墓与东北地区石棚墓在基本形制上虽有相似，但东北地区石棚墓不论属于哪种形式，也无论其规模大小，其两面侧壁和后壁均以独块石板作为支石，甚至封门墙也是使用独块石板，即便是一些墓室矮小和石材加工不甚精细的小型石棚墓，其三面支石也都是由独块整石构成，与浙南石棚墓的差异十分明显。尽管浙南石棚墓中也有每面墓壁只用独块支石构成的实例（第三类石棚墓，如岱石山 M13），但这仅仅是极个别现象，并不代表浙南石棚墓的主要特点，而且其具体的构筑方法与东北石棚墓也有区别。因此，每面墓壁支石所用石材的多块与独块，成为浙南石棚墓与东北地区石棚墓在形制结构和构筑方法上最为明显的不同。另外，浙南存

［1］辽宁省文物考古研究所：《辽东半岛石棚》，辽宁科学技术出版社，1994 年。
［2］王嗣洲：《试论辽东半岛石棚墓与大石盖墓的关系》，《考古》1996 年第 2 期。
［3］华玉冰：《中国东北地区石棚研究》，科学出版社，2011 年。

在的仅四角立柱式支石、支石之间可能垒石成壁的第四类石棚墓，则似乎不见于东北地区。

　　第二，构筑精粗上的不同。东北地区石棚墓的墓壁支石大多经过精细加工，均为扁平的大石板，而且石板形状规整，大小基本一致，厚薄大体相同，有的还凿出凹槽用以三面壁石之间以及壁石与底石之间的牢固套合。不仅如此，盖顶石也经精细加工，除形状较为规整外，厚薄也基本一致。如此构成的墓室不但坚实牢固，而且结构严密，形状规整美观，显然是一座经过精心设计和加工建造的石构建筑。而浙南石棚墓所用的石材，不论是墓壁支石还是盖石，都是开采和敲砸下来的自然石块，均没有作精细加工。支石大小厚薄不一，形状各异，很不规则，表面凹凸不平；盖石同样显得很不规整，没有一定的形状，而且厚薄不一，极不平整。用这样的石材构筑成墓室后，墓壁支石之间、墓壁与墓壁之间以及墓壁与盖石之间不可避免地都会存在较大的缝隙，石棚的整体形状不够精致美观，显然也不够牢固。因此，浙南石棚墓的整体结构显得简单、粗糙和原始，整体构筑状况远不如东北地区石棚墓规整和严密，精致程度和牢固性也明显比东北石棚墓要差得多。

　　第三，墓底设施的不同。在东北地区石棚墓中，墓底铺设底石是一种普遍现象，且和墓壁一样也是一整块形状规整、厚薄基本一致的石板，它与三壁石板支石之间也是一种严密完美的套合，使东北地区石棚墓的精致程度更上一层楼。相比之下，浙南石棚墓显得要简单得多，大多墓底是为保护支石和垫平而填筑的泥面，有的甚至直接为稍加平整的山体面，纵有铺设者，也不过是一些自然小砾石或比较扁平的片石而已，墓底的设施远不如东北地区石棚墓讲究。

　　以上三个主要方面的不同，反映了浙南石棚墓与东北地区石棚墓在形制结构和构筑方式上的较大区别，说明两地石棚墓各自具有明显的地区特点。

　　除了上述形制结构和构造方法上的区别外，两地石棚墓的出土遗物也无相同之处，这些出土物都具有鲜明的石棚墓所在地的文化面貌，符合当地的文化特征。东北地区石棚墓中出土的遗物多是夹砂陶侈口直领鼓腹平底壶和叠唇筒形罐，另外还有一些多瘤状石棍棒头、双孔石刀、石斧、石凿、石锛、石纺轮和石镞等，绝不见浙南石棚墓中出土的印纹硬陶和原始瓷等遗物。反之，在浙南石棚墓中，也同样未见东北地区石棚墓中的常见器物。两地石棚墓的内涵完全不同，但它们各自都符合本地的文化特征。这种不同的内涵说明，东北地区石棚墓和浙南石棚墓应该属于不同地区、不同族群的墓葬遗存。

　　在墓葬年代上，按照华玉冰先生最新的研究成果，东北地区石棚墓的上限年代至少可追溯至商代早期，即前16~前15世纪，下限可延续到战国晚期甚至汉初，即公元3世纪前后。而现知浙南最早的石棚墓基本可确定在商代晚期，晚的或至春秋晚期。可见浙南石棚墓的起始年代可能要比东北石棚墓晚得多，而消失年代却比东北石棚墓要早，整体的流行时间要比东北石棚墓短。

第三节　浙南石棚墓与韩国、日本支石墓的比较研究

　　与浙江隔海相望的韩国，是东北亚石棚墓分布的重点地区，韩国学者称其为支石墓。那里的支石墓分布相当密集，数量众多，已知数量已达3万多座，其中全南地区是支石墓分布

最为集中的地方，是东北亚支石墓分布的中心。韩国的支石墓具有沿着海岸边以及江河流域分布的特征，在平地、丘陵和山麓等地都有发现，大部分分布在平地及丘陵地带，大型支石墓也有分布在可望见溪谷平地及平野的丘陵或山麓台地上。支石墓密布的地方均与山麓相连，但周围地形大部分为有平野的山或由山围成的盆地性地形。这种分布状况，与浙南石棚墓大多建于近海或近江的丘陵山脊与山岗上、部分建于山麓平地甚至盆地性平地的分布状况极为相似，只是韩国支石墓分布于平地的数量较多。而浙南岱石山几十座石棚墓共同分布在同一条山脊上的群状分布状态，也正是韩国、特别是全南地区支石墓分布状态上的普遍现象。但浙南石棚墓分布于丘陵山脊与山岗者，又往往是建于山岗山脊的脊线上或脊线两侧，这种情况似乎与韩国支石墓主要分布在平地或山坡上的特点存在着比较明显的差异。

形制结构上，韩国的支石墓大体可分为桌子式、棋盘式、盖石式和围石式四种类型。桌子式支石墓用经过加工的 2~4 块石板，在地面埋立构建成墓壁后，再将巨大平坦的石板盖在上面形成墓室，室内空间比较高大，形状类似桌子。因为大部分的桌子式支石墓是在中国东北、朝鲜以及韩国中部以北地区发现的，所以也称之为北方式支石墓。棋盘式支石墓是用石板或石块垒砌成地下墓室，周围立 4~8 块支石，然后在其上面盖上巨大的盖石，其高度较桌子式支石墓要低，形如棋盘。由于这类支石墓主要分布在朝鲜半岛的南部，而位于朝鲜半岛北部的朝鲜还没有发现这种形式的支石墓，因此也称之为南方式支石墓。盖石式支石墓是指墓室建在地下，在其上直接盖上盖石的形式。由于墓室没有支石，盖石直接盖在墓室上面，所以也称为无支石式、盖石式墓或大盖石墓等。盖石以下的墓室结构，分板石围建成的石棺形、石块或天然石垒成的石椁形、天然石围成的围石形以及完全不用石块的土圹形等几种形式。围石式支石墓是将墓室建在地面上，用多块板石围立成一个墓室平面范围，然后再在围石上盖上盖石形成支石墓室。这类支石墓看上去与桌子式支石墓一样，但是相对比较低矮，而且使用多块板石围立也与桌子式有明显区别[1]。

在文化内涵上，韩国支石墓的出土物有无纹陶器、红陶器、黑陶器等生活用品，石斧、有孔石刀、石凿、纺轮、网坠、石剑、石镞、铜剑、铜镞等生产工具和兵器，有的支石墓中还出土有一些管玉、勾玉等装饰品，以及猪牙、鹿骨、牛骨和贝类等。

关于韩国支石墓的流行年代，韩国国立木浦大学教授、东北亚支石墓研究所所长李荣文先生原先认为在公元前 9 世纪前至公元前 3 到前 2 世纪[2]。但随着近年考古工作的不断展开和新材料大量获得，对于韩国支石墓流行年代又有了新的认识。根据李荣文先生新近的研究成果，韩国支石墓最早出现的时间应在公元前 12 世纪，至公元前 3 世纪左右随着铁器进入韩国而开始消失。支石墓是几乎 1000 年间一直在韩国被使用的具有代表性的墓葬[3]。

从形制结构上比较，浙南石棚墓与韩国支石墓虽有不同，但也有许多相似之处。虽然韩国的桌子式支石墓不见于浙南，但韩国的棋盘式和围石式支石墓在形式上与浙南第一类与第

[1] 李荣文：《从巨石文化看浙江与全南》，第一届中国浙江省、全罗南道历史文化学术研讨会论文，1997 年 7 月，杭州。李荣文著，赵胤宰译：《世界文化遗产·和顺支石墓》，（韩国）东北亚支石墓研究所，和顺郡，2007 年。
[2] 李荣文：《从巨石文化看浙江与全南》，第一届中国浙江省、全罗南道历史文化学术研讨会论文，1997 年 7 月，杭州。
[3] 李荣文著，赵胤宰译：《世界文化遗产·和顺支石墓》，（韩国）东北亚支石墓研究所，和顺郡，2007 年。

二类石棚墓基本相似，两者的墓壁都用多块支石埋立而成，而且盖石与支石都未经精细加工，形状不规整，表面凹凸毛糙。浙南第四类四角立柱式石棚墓也见于韩国的支石墓当中，如灵光的城山里支石墓就是这种形式，高敞竹林里也有此种类型支石墓存在，韩国学者把它们归入棋盘式支石墓类型。相比之下，韩国此类四角立柱式支石墓规模都显得较小，也较低矮。从现存支石情况看，浙南所见的此类石棚墓大都显得比较高大。另外，韩国的盖石式支石墓与浙江第五类盖石式石棚墓（大石盖墓）也有很多相似性，如墓室在地下、地面上用独块大石盖顶等，而且浙南这种盖石式石棚墓中所见盖石之下墓室结构有石圹型和土圹型等不同形态的现象也见于韩国盖石式支石墓中。值得注意的是，在韩国许多棋盘式和盖石式支石墓中，很多盖石都呈团块状，而非扁平状，盖石显得极其厚大。最典型的像位于全罗南道和顺郡的大薪里支石墓，这是世界上最大的一座支石墓，盖石长 7、宽 4 米，重达 200 多吨，巨大得惊人，盖石下的块状支石只能透过地面与盖石底部的一点点缝隙才能看到。和顺郡孝山里最大的支石墓盖石长 5.3、宽 3.6、厚 3 米，重达 100 余吨。高敞郡竹林里，最大的支石墓盖石长 5、宽 4.5、厚 4 米，重达 150 吨。盖石厚大呈团块状，显然是韩国许多支石墓的共同特征之一。浙南石棚墓的盖石都呈扁平状，像韩国那种十分厚大的团块状支石在浙南石棚墓中未见。实际上，在我国东北地区石棚墓中也没有此种盖石形式。由此可见，浙南石棚墓与韩国支石墓在形制结构上有许多相似性的同时，也存在一些比较明显的差别，但二者相似性明显要多于其与东北地区石棚墓[1]。

浙南石棚墓的出土物有陶瓷器、青铜器和石器。陶瓷器中有原始青瓷、印纹硬陶、素面硬陶、夹砂陶和泥质陶等，器形有豆、碗、盂、盘、罐、瓿和鼎等生活用具；青铜器中有剑、戈、矛、镞等兵器和凿等生产工具；另外还有石球和石棒等。两相比较，从基本的器类情况看，浙南石棚墓与韩国支石墓出土生活用具类、兵器类和生产工具类遗物方面是一致的，可见两地有着基本相同的葬俗。但两地出土的遗物在具体的质料、器形、花纹等方面，却显示出完全的不同，在具体的内涵特征上，并没有表现出相互间有某些相同的文化因素，明显具有不同文化的特点。内涵是决定遗存文化属性的主要依据，两地石棚墓（支石墓）内涵特征的不同表明它们并非属于同一个考古学文化。

在年代早晚关系上，根据李荣文先生的最新研究成果，韩国支石墓的存续时间是公元前12 世纪至公元前 3 世纪前后，历时 1000 年左右，而已知浙南石棚墓的存续时间是商代晚期至春秋晚期，大概是公元前 12 世纪前后至公元前 4 世纪前后。这样，从起始和消失时间上比较，浙南石棚墓与韩国支石墓基本相同。

日本也有大量支石墓存在，主要分布在九州北部沿岸地区，分布总数 60 余处共计300~400 座。那里的支石墓一般 5~6 座成群分布，最多的丸山有 118 座，分布相当密集。在形制结构上，往往是在地面上一块巨大盖石，下面是数块支石，支石范围内有的是土坑、有的是石棺、有的是瓮棺（早期的多为土坑和石棺，晚期的以瓮棺为主）。从形制和构筑特点

---

[1] 韩国支石墓情况，除本人实地参观考察时所见外，主要参考李荣文著，赵胤宰译：《世界文化遗产·和顺支石墓》，（韩国）东北亚支石墓研究所，和顺郡，2007 年。

上看，日本支石墓既与存在于韩国的盖石式支石墓基本一致，也和浙南第五类石棚墓基本类同，但日本支石墓下往往具有瓮棺，表现出明显的地域性特征，这是浙江石棚墓所不具备的。说明日本支石墓的内涵也具有其本地的文化特点。"就其形式、构造乃至出土遗物来看，日本支石墓在东亚石棚、支石墓发展、演变的序列上应处于最晚的阶段。这是包括日本学者在内的国际学术界的共识，可谓已成定论。就其与韩国支石墓的比较而言，日本支石墓的总体年代居后，这也是没有疑问的。"[1]日本支石墓的具体年代一般认为在绳纹晚期末到弥生中期末，相当于公元前3到前1世纪，时代上明显晚于浙南石棚墓[2]。

第四节　浙南石棚墓与土墩墓的比较研究

迄今为止的大量考古资料表明，在相当于中原商周的时期，浙江境内除了位于浙南或浙西南的温州、台州和丽水这三个地区没有或基本没有土墩墓外，其他大部分地区均大量流行着一种土墩墓。这种土墩墓大多不挖墓穴而平地堆封掩埋，一部分挖有浅坑，多数是一墩多墓，即一座墩内具有多座不同时期埋入的墓葬。有的土墩内还建有巷道状的长条形石砌墓室，由于这类墓葬基本也是在平地上开始起建石室，然后封土掩埋，而不是向地下挖掘墓坑垒砌石室，整体上也属于平地掩埋的形式，因此，我们仍将其归入土墩墓的范畴，称之为石室土墩墓。土墩墓是商周时期流行于吴越地区的极具民族和地区特色的墓葬形制。在浙江境内，土墩墓主要分布于浙江北部的杭州、嘉兴、湖州地区，浙东的萧山、绍兴、宁波、舟山地区，以及浙中的金华和浙西的衢州地区。两类土墩墓的内涵相同，又往往是同地区同地点错杂分布在一起，只是石室土墩墓比无石室土墩墓的分布范围相对要小一些，在浙西衢州地区就没有发现这类石室土墩墓。浙江境内土墩墓起始年代在商代甚至更早，流行至战国初期开始消失。已知浙南石棚墓的出现时间要晚于土墩墓，消失时间可能也略早于土墩墓。

将浙南石棚墓与土墩墓从分布状况、形制结构、构筑特点和文化内涵等方面进行比较，它们在具有某些相同或相似性的同时，更显示出许多明显的不同。

在分布特点上，土墩墓主要分布于低山丘陵的山顶、山岗和山脊的脊线上或脊线两侧，也有不少土墩墓分布在高山峻岭上，少数地区的一部分土墩墓也有分布在山麓平地或岗地的现象。分布在山上的土墩墓，不受山脊与山岗走向的限制，在不同走向的山脊山岗上都有分布。除少量土墩墓呈零星状个别分布在小山之顶或山麓岗地上外，大部分土墩墓分布都显得比较集中和密集，具有群状、团状和串珠状的分布状态：有的地方周围一片小山与岗地上，或者由主峰向四周不同方向延伸的多条山脊上，都有大量土墩墓的存在；有的地方从一条山脊的高处到低处都密集地分布有土墩墓，往往在山势较陡的地段分布稀疏一些、土墩墓之间的距离大一些，山势比较平缓的地段则分布密集一些、土墩墓之间的距离小一些。浙南石棚墓的分布状况与土墩墓显得比较相似，二者具有相同的分布特点。但两者分布地域上有所不

　　[1]王仲殊：《从东亚石棚（支石墓）的年代说到日本弥生时代开始于何时的问题》，《考古》2004年第5期。
　　[2]转引自安志敏：《浙江瑞安、东阳支石墓的调查》一文中注[12]，《考古》1995年第7期。

同。现知的石棚墓仅分布于浙南沿海一隅，除台州的仙居有少量发现之外，主要分布在温州市辖下的瑞安、平阳和苍南这一较小区域，分布范围很小。而土墩墓则分布在浙北杭州、嘉兴和湖州地区，浙东的绍兴、宁波和舟山地区，浙中的金华地区和浙西的衢州地区，分布区域十分广大。在土墩墓的分布区域内没有石棚墓的存在。而在石棚墓分布区内，除了台州黄岩[1]和温州瓯海[2]各有 1 例土墩墓发现之外，其他地方至今尚没有土墩墓发现，两者在分布区域上基本没有交错和重叠，反映出石棚墓和土墩墓有着各自明确和独立的分布区域，它们是浙江境内商周时期分布于不同地区的两种不同形制的墓葬。

在形制结构和构筑特点上，石棚墓与内无石室的土墩墓之间不存在一丝的相似性是无须多言的，而与石室土墩墓虽然在用石材构筑墓室上相似，但两者的形制结构和构筑特点却截然不同。首先表现在墓葬形制上：石室土墩墓的墓室呈狭长条的巷道状，一般长 10 米左右，有的可达十几甚至几十米，而墓底宽度大多在 1~2 米，墓室高度小型的在 1~2 米、中型的 2~4 米、大型的 4~6 米，目前已知最高的达 8 米左右。而石棚墓的墓室均呈长方形或接近正方形，长宽差距不大，一般长 2~3 米、宽 1~2 米，高度大多仅在 1 米上下，最高的也不会超过 2 米。可见墓葬形制完全不同。其次表现在构筑特点上：石室土墩墓的三面墓壁都是用大量块石向上层层垒叠而成，虽少数石室的后壁和封门也有用整块大石竖立封挡的现象，但作为构成墓室最主要的两面侧壁还是用大量石块层层向上垒叠的，这种构筑方法与石棚墓只用单层长方或长条石埋立作壁的方法，差别十分明显。目前仅在东阳、义乌境内的石室土墩墓中发现很少一部分规模极小又十分低矮的石室，其除封门外的三壁都是用多块单层长方形石块竖立而成，构筑特点与石棚墓有相似之处，但其长条形的整体形状和用多块长石盖顶又与石棚墓有明显不同。再次表现在盖顶上的不同：石室土墩墓由于墓室狭长，均是用多块石块盖顶，由于石室本来就很狭窄，再加之墓室两壁往上逐渐内收，横断面呈梯形，顶口的宽度较底部宽度要小，一般在 1 米以内，只有少量大型或特大型者会超过 1 米，因此，盖顶石并不很大，长度在 1 米左右的长条或长方石均可。而石棚墓则不一样，它用来盖顶的均是不甚规整的独块巨石，不论石棚墓规模大小，无一例外。由于石棚墓室平面呈长方形或接近正方形，宽度又比较大，盖石的形状也势必与石棚墓的平面形状一样宽大，而且大小一定得在墓室平面面积以上，这样，石棚墓的盖石就都显得十分巨大。如苍南桐桥 M1、M2，盖石的长宽均应在 5 米以上，重达几十吨。因此，用整块巨石盖顶是浙南石棚墓最为主要的特征，也是在形制结构上与石室土墩墓的重要区别之一。最后表现在外在形态上的不同：石室土墩墓的墓室之外堆封有大量的石块和泥土，将整个墓室全部掩埋在封土石之内，使墓葬的外在形态成为一个高凸在地面之上的长圆形高大土墩，封土保存较好者在外表上往往难以与内无石室的土墩墓相区分。石棚墓则不然，它没有把墓室掩埋于封土之内，而是将整个墓室裸凸在地面之上，外在形态是一座低矮的地面棚状石构建筑。以上四个方面的不同，足以表明浙南石棚墓与石室土墩墓在形制结构和构筑特

[1] 浙江省文物考古研究所，黄岩市博物馆：《黄岩小人尖西周时期土墩墓》，《浙江省文物考古研究所学刊》，科学出版社，1993 年。
[2] 浙江省文物考古研究所、温州市文物管理处、瓯海区文物馆：《浙江瓯海杨府山西周土墩墓发掘简报》，《文物》2007 年第 11 期。

点上具有明显的区别，它们是完全不同的两种墓葬形制。

在文化内涵上，综观土墩墓的出土物，包括石室土墩墓在内，原始瓷、印纹硬陶是最基本和常见的随葬品，素面硬陶的数量也较多，泥质陶和夹砂陶虽有存在但并不常见，数量极少，不见青铜器，极少出土玉石饰品。陶瓷器中常见器物群为豆、碗、盂、碟、盘、罐、坛、瓮、瓿等饮食器和盛储器。土墩墓这种内涵特征，在浙南石棚墓中也得到了基本相同的反映，浙南石棚墓中常见的原始瓷豆、碗、盂、碟、罐，印纹硬陶罐、瓿，素面硬陶豆、碗、盂等器物，不但为土墩墓出土物常见和共有，而且在器物造型、胎釉与纹饰特征上也与土墩墓出土者完全相同，这些都显示出石棚墓与土墩墓在文化内涵上的诸多共性，表明构成两种墓葬内涵特征的主体文化因素是相同的，它们应属于同一文化系统的遗存。但浙南石棚墓中不少剑、戈、矛、镞等青铜兵器和镬、凿、锸、刀等青铜工具的出土，显示出石棚墓内涵中有青铜因素的存在，成为了区别于土墩墓内涵的特点之一。虽然在黄岩小人尖和瓯海杨府山也有个别土墩墓随葬大量青铜礼乐器、兵器和工具，但恰恰显示出它们与杭嘉湖和宁绍土墩墓中心区域土墩墓内涵的明显差异。另外，素面硬陶中表面涂刷无光亮黑层的着黑陶，在浙南石棚墓出土物中占有很大比例，显得极为普遍，这种着黑陶为当地与石棚墓同时代的居住遗址所常见和共有的器物，说明石棚墓内涵具有本地的文化内涵特征。在浙江境内，类似的着黑陶器也见于江山等地的居住遗址和墓葬，但在其他地区的遗址和墓葬中少见或不见，表明着黑陶是浙南和浙西南地区一种很有地方特色的文化因素。上述内涵特征上所存在的差异，表明浙南石棚墓与相邻地区土墩墓的文化内涵并不完全一致，浙南石棚墓和其他地区土墩墓的主人的族属应不完全相同。

第五节　浙南石棚墓的族属与渊源

根据有关文献记载，土墩墓分布的杭嘉湖地区、宁绍地区、金华地区和衢州地区，在商周时期是中国南方百越民族中于越族人的分布区域，也是于越人所建越国的基本地域范围，因此，分布在这些地区的商周土墩墓属于于越族人的墓葬，早已成为学术界的共识。

从上节的比较研究中我们可以看到，浙南石棚墓与土墩墓有着不同的分布区域，两者的墓葬形制又完全不同，墓葬内涵在主体因素相同的情况下又有着一些明显的区别，显示出比较强烈的地域性特征，反映出石棚墓主人的族属不会与土墩墓完全相同，两者之间应该有着族群上的差异，它们应该是越文化系统下两个不同支族的墓葬遗存，是不同地区、不同族群的墓葬。实际上，这种差异在其他的考古材料中也表现得相当明显，同样可说明这一事实。从浙江地区已发现的这一时期印纹陶遗址看，"可分杭嘉湖平原、宁绍平原、金巨丘陵地区和瓯江水系四个区域，除瓯江水系的面貌与福建有许多相似之处外，另外三个区域的总体特征还是接近的"[1]。表明温州、台州和丽水三个地区以及与之相邻的闽北地区，确实存在着一支有别于浙江其他地区的古文化类型。石棚墓内涵与当地的同时期居住遗址内涵情况完

[1]浙江省博物馆：《三十年来浙江的文物考古工作》，《文物考古工作三十年》，文物出版社，1977年。

全一致，它们的人群也应该相同。据文献记载，现今位于瓯江水系的温州、丽水（古称处州）和台州三个地区，商周时期统称为"瓯"（或"沤""欧"），因其地处我国东南，又称为"东瓯"，生活在这里的居民被称为"瓯越人"。瓯越是一个族称，是我国古代东南沿海原始民族越族的分支，是"百越"的重要组成部分。因此浙南地区在商周时期是瓯越人的分布区域，石棚墓主人的族属应该是瓯越族。瓯越是百越族的一支，同属越文化系统，但在某些文化特点方面与于越族有着一定的差异，石棚墓与土墩墓两种墓葬形制的完全不同，二者内涵在基本相同或相似的同时又存在着比较明显区别的现象，应该就是这一历史背景的客观反映。

　　浙南石棚墓的内涵与当地的文化面貌相一致，其墓主人是本地的瓯越人，这是很明确的事情。但从墓葬的形制结构考察，这种墓葬用巨石构成，形制特殊，既与同时期浙江大部分地方存在的土墩墓形制不一，也不能从该地区早期墓葬形制结构中找到其渊源。迄今的考古材料表明，早在新石器时代，属于瓯江水系的浙江南部和西南部地区普遍流行的是一种土坑墓，没有石结构墓的先例。1997年在遂昌发掘的好川新石器时代晚期类型的遗址和墓地，共清理出墓葬80座，这些墓葬的形制均为简单的土坑墓，没有出现用石材构建墓室的现象[1]。2002年在温州发掘的老鼠山新石器时代遗址，也清理发现了35座好川类型墓葬，这些墓葬同样都是土坑形式[2]。在已知的考古材料中，属于瓯江水系的浙南和浙西南地区，还没有发现早于石棚墓的石结构墓葬，表明这一地区在新石器时代甚至进入夏商时期一直没有用石材来营建墓葬的传统，也没有出现过石结构的墓葬形制。因此，用巨石构建的石棚墓在浙南当地没有早期传统可以承袭，在墓葬形制结构上无源头可寻。

　　从迄今的考古材料看，商周时期浙南地区同时共存的墓葬有三种不同形制，即土坑墓、土墩墓和石棚墓。土坑墓显然是承袭了当地新石器时代以来的传统墓葬形制[3]。土墩墓在浙江主要流行于杭嘉湖、宁绍和金衢地区，浙南境内只有极少量无石室的土墩墓存在[4]，与浙南相邻的闽北地区也分布有一些无石室的土墩墓[5]。土墩墓总体的存续年代在商至战国，因地区的不同而略有差异。其中一类无石室的土墩墓出现较早，至少在商代就已经出现；另一类石室土墩墓出现的年代较无石室土墩墓要晚，约在西周中期前后[6]。已知浙南石棚墓最早出现的时间约在商代晚期，比无石室土墩墓要晚，比石室土墩墓要早。可见石棚墓的出现晚于无石室土墩墓而早于石室土墩墓，它们出现的先后顺序是：无石室的土墩墓→石棚墓→石室土墩墓。但是，石棚与无石室土墩墓在形制结构上不存在一丝的相似，它们不可能存在先后的发展演变关系。而石室土墩墓出现的时间较石棚墓要晚，石棚墓更不可能由石室土墩墓发展而来。加之两种墓葬分布的地域范围不同，它们各有自己的独立分布区域，无石

　　[1]浙江省文物考古研究所、遂昌县文物管理委员会：《好川墓地》，文物出版社，2010年。
　　[2]浙江省文物考古研究所、温州市文物局、温州市文物保护考古所：《温州市老鼠山先秦遗址》，《中国考古学年鉴》，文物出版社，2004年。
　　[3]俞天舒：《浙江瑞安凤凰山周墓清理简报》，《考古》1987年第8期。
　　[4]浙江省文物考古研究所，黄岩市博物馆：《黄岩小人尖西周时期土墩墓》，《浙江省文物考古研究所学刊》，科学出版社，1993年。
　　　　浙江省文物考古研究所、温州市文物管理处、瓯海区文物馆：《浙江瓯海杨府山西周土墩墓发掘简报》，《文物》2007年第11期。
　　　　温州市文物处、苍南县文物馆：《浙江苍南县埔坪乡发现一座商代土墩墓》，《考古》1992年第6期。
　　[5]《福建浦城管九土墩墓群发掘取得重要成果》，《中国文物报》2007年1月24日。
　　[6]陈元甫：《论浙江地区土墩墓分期》，《纪念浙江省文物考古研究所建所二十周年论文集》，西泠印社，1999年。

室土墩墓、石棚墓、石室土墩墓这种出现时间的早晚顺序，并不是同一考古学文化不同发展阶段的表现形式，而是不同文化在墓葬形制上的具体反映。土墩墓在浙南地区的个别出现，应是相邻地区间墓葬形制上传播与影响的结果。更何况浙南见到的个别土墩墓墩内都没有石结构，也没有能与石棚墓相联系的迹象可寻，年代上除苍南埔坪乡的一座被判定为殷商之外，其余两座均为西周中晚期，时代也并不比石棚墓更早。可见，浙南石棚墓显然不可能在土墩墓中找到渊源关系。而且石棚墓不见于浙江其他地方甚至闽北等相邻地区，完全是商周时期浙南地区出现的一种具有地方特色的墓葬，这类特殊的墓葬形制究竟是如何产生的？这种文化现象是土著的还是外来的？这些无疑都是需要我们深入思考和研究的重要问题。

从宏观角度看，在中国，石棚墓除见于浙南地区外，在东北的东南部地区有更多的发现，东北地区是中国石棚墓的主要分布区。东北地区石棚墓流行的时代上限至少可至商代早期，下限可达战国晚期甚至汉初。而浙南石棚墓上限年代只可早到商代晚期，下限则至春秋晚期。两地石棚墓流行时间虽略有差别，但都在商周时期。在朝鲜半岛的朝鲜和韩国，支石墓（石棚墓）是其青铜时代主要的墓葬形式。在日本的九州地区，支石墓也是弥生文化形成的墓葬形制。这些相邻国家和地区，都基本同时大量存在形制相似的墓葬遗存，这是我们必须要重视的一个文化现象。上述各地区的石棚墓（支石墓）既有各自的特点，又有基本的相同之处，因此，有关其起源及其相互关系问题，一直为各国研究者所关注。各地石棚墓（支石墓）虽因内涵的完全不同而决定了它们不可能是同一个民族的遗存，但它们之间是否有墓葬形制上的传播和影响，这种传播与影响的路径和过程又是怎样的，这些问题都值得我们进行深入的思考与探讨。由于石棚墓（支石墓）广泛分布于中国东部沿海的浙南地区和东北地区、朝鲜半岛的韩国和朝鲜、日本的九州岛等东北亚地区，这些地方或者隔海相望，或者山水相连，在地理位置上互相邻近，从这个角度看，各地石棚墓（支石墓）之间在形制结构上存在内在的传播和影响关系也是很自然的事情。

目前学术界对浙南石棚墓存在几种不同的看法：一种是外来说。董楚平先生认为："这种石棚文化在南方毫无渊源可寻，当从辽东半岛经漫长的海路输入。"[1]许玉林先生也认为："瑞安石棚是当地古代居民吸收了辽东半岛石棚的建造技术修建起来的一种巨石建筑遗存。"他列举了五个方面的理由：第一，辽东半岛与东南沿海地区早就有海上交通工具和交通往来；第二，辽东半岛与东南沿海地区早就有着经济文化联系；第三，辽东半岛与东南沿海地区海上交通往来，有的是沿海岸线航行，有的是从海上直接往来航行；第四，古气候、古地理、古海岸线，不同时期也是不一样的，因此，不能用现代的地理环境代替古代的地貌；第五，瑞安地区石棚也大都在山丘顶部，有的也与大石盖墓共存在一起，从石棚内出土遗物表明，其时代大体在西周至春秋，与辽东半岛石棚年代一致，但从石棚类型上看都是中、小型，没有发现辽东半岛早期的大石棚类型，从类型上看瑞安石棚较晚，瑞安地区又没有早期石墓系统的承袭关系，因此可能是辽东半岛石棚向南传播和影响的结果[2]。另一种是本地说。

---

［1］董楚平：《吴越文化新探》，浙江人民出版社，1988 年。

［2］辽宁省文物考古研究所：《辽东半岛石棚》，辽宁科学技术出版社，1994 年。

俞天舒先生认为，瑞安石棚不可能渊源于辽东半岛，不会是辽东"舶来品"，可能是瓯越先民独立发展起来的土著文化。其理由是：第一，有关我国石构墓葬的起源、发展序列、传播路线以及形制等诸多问题，并非都已完全清楚，目前尚难有定论。第二，从年代上讲，瑞安石棚的年代上限可到晚商时期，辽东石棚出现的年代当属西周早中期之际，上限不可能超过晚商。瑞安与辽东开始出现石棚的年代，大致上是在同一时期，即晚商到西周初年之际，如果严格一点，瑞安石棚可能比辽东石棚还稍早一些。如果是从辽东传来，那么瑞安石棚的年代自然迟于辽东，但情况却相反。第三，形制上不一致。如果两者有传承关系，那么瑞安石棚形制自然应与辽东一致。第四，瑞安虽地处东海之滨，但从地理位置来看并非水上交通要冲之地，而陆上交通南有武夷山脉、北有括仓山脉的阻隔，自古以来一直很封闭。所以，某种外来文化向温州地区传播时，不论从水上来，还是从陆上来，瑞安皆不可能成为落足的首站[1]。我们认为，浙南石棚墓与东北石棚墓虽在形制结构和构筑方法上有相似之处，但同时也存在较大差别，浙南石棚墓不大可能是东北地区的"舶来品"。但需要指出的是，"尽管各地石棚墓内涵的完全不同，决定了它们不可能是属于同一个民族的遗存，但墓葬形制结构上所呈现的某些共性也不容忽视，各地有否存在墓葬形制方面的相互传播和影响？这仍然是我们需要深入研究探讨的重要问题"[2]。

虽然目前还不能断言浙南石棚墓与其他地区石棚墓（支石墓）的相似性就一定是文化影响与传播的结果，对于它们的某些相似性还需作具体分析，在古代相同或相似的地理环境下，不同的社会集团确实能产生出在形态特征上有某些相似的文化遗存，这种现象在考古学的研究中不乏其例。但是，不同地区不同文化之间的相互联系、影响与传播也是很早就十分常见的现象。考古资料表明，早在新石器时代，辽东半岛和东南沿海地区就通过沿海海路有了经济文化上的联系和交往，浙江沿海地区的人们甚至通过海路与东南亚、朝鲜半岛、日本列岛等许多地区开始了文化上的交流，大陆上的许多先进文化或多或少地传播到了这些地区。到了商周时期，这些地区之间产生文化上的传播与影响，当然更是不足为奇。而文化的交流和影响往往既是相互的，又是共同的。以独块巨石盖顶为主要特征的石棚墓（支石墓）作为一种用巨石构筑的墓葬遗存，在许多国家和地区都存在，特别是比较邻近浙江的我国东北地区和日本、朝鲜、韩国都有大量分布，这本身就是值得重视的一种文化现象。加之浙南石棚墓分布地域小、存在数量少，因此，把浙南石棚遗存放到宏观的时空范围内加以考察，深入探讨浙南石棚墓与其他各地石棚墓（支石墓）之间是否有渊源关系，应该是一个十分必要也很有意义的重要课题。安志敏先生曾经指出："从地理位置上观察，支石墓在浙江、韩国和日本的分布，恰好环东中国海形成相互对应的形势。尽管出土遗物不尽一致，如瑞安支石墓以印纹硬陶及原始瓷为代表，富于江南的浓厚色彩；韩国支石墓出土的辽宁式青铜短剑富有北方的特征，不过抉入石斧（有段石锛）却具有江南的因素；日本支石墓的瓮棺又表现出地域性的特点，至少从墓葬结构上所呈现的共性不容忽视，或许表明它们之间有着一定的渊源

[1] 俞天舒：《瑞安石棚墓初探》，《东南文化》1994年第5期。
[2] 陈元甫：《浙江石棚墓研究》，《东南文化》2003年第11期。

关系。结合稻作农耕、干栏式建筑和坟丘墓等诸多因素的源流，均与江南密切相关，支石墓也是其中的一个例证。因此以环东中国海为中心的海上通道，亘古以来在文化交流史上起着不可低估的作用，目前的许多考古迹象是值得深入探讨的重要课题。"[1]毛昭晰先生也认为，朝鲜半岛的农业起源于中国，而且是从江南地区渡海直接到达朝鲜半岛和日本，"在考察稻作东传的同时，也应考虑浙江支石墓的问题"，"无论是支石墓还是稻作农业，都说明中国江南沿海和朝鲜半岛之间在先秦时代存在着海上交往的关系"[2]。

学者研究认为，早在新石器时代晚期，辽东半岛地区就已经有积石墓的出现和存在，之后出现的石棚墓与积石墓存在着一定的承袭关系，石棚墓是由积石墓发展演变而来。从出土的遗物上看，石棚墓与积石墓文化上也有着密切关系，应属于一个文化系统[3]。因此，东北石棚墓是由当地的土著文化发展而成的。

从现有资料看，东北石棚墓分布数量多，出现时间比浙南石棚墓要早，从出现年代上看，具备了向浙南传播的前提。但在形制结构和构筑方法上两地石棚墓却存在着较大的明显差异：东北石棚墓无论是何种类型，不管规模大小，其共同特征是每面都以加工规整的独块石板作壁作支石，顶石也同样是加工规整的石板。而浙南石棚墓每面墓壁支石都是多块未经加工的不规整长条石或长方石，盖顶石也是开采下来后的自然形态，极不规整。另外，东北地区最早出现而又最具典型性的大型石棚墓（桌子式）在浙南地区没有出现。这些客观现象使我们对浙南石棚墓是由东北地区传播而来的可能性产生怀疑。从形制结构上比较，大量分布在韩国南部的支石墓与浙南石棚墓的相似性明显要多于我国东北地区石棚墓，浙南石棚墓在总体上与韩国南部的支石墓极为相似，它们的起讫年代也基本相同，两者之间在墓葬形制上有相互传播和影响的可能性也就显得相对较大。毛昭晰先生也认为："浙南石棚墓和我国东北发现的北方式支石墓不一样，而与朝鲜半岛（特别是济州岛）的南方式支石墓有许多相似之处。"[4]另外，从具体类型以及它们的分布情况上考察，与中国东北地区石棚墓形制相类的桌子式支石墓在朝鲜半岛北部即朝鲜境内有较多存在，而在朝鲜半岛南部的韩国境内分布的并不多，且主要分布于与朝鲜接壤的韩国北部地区，一般被称为北方式支石墓，国内外较多学者认为这类北方式支石墓是由我国东北地区传入朝鲜和韩国境内的。朝鲜半岛由于与我国东北地区毗邻，水陆相连，古代文化的相互影响与传播自不待言。而与浙南石棚墓相似的棋盘式支石墓在韩国有大量存在，主要分布在韩国的南半部，又被称为南方式支石墓。也就是说，韩国南部地区的支石墓形制以棋盘式居多，与浙南石棚墓形制的相似性较大。这类支石墓多分布在全罗南道等邻近和面向浙江的西南部地区，数量达几万座，分布十分密集，是韩国南部最多、最为主要的支石墓类型。在全罗北道高敞郡的道山里还可以看到个别典型的北方式支石墓，但到全罗南道就见不到典型的北方式支石墓了，在那里虽然也有类似北方式形制的支石墓，但都显得比较低矮，盖石下两边各有一块石板作为支石，更容易被当作南方

[1] 安志敏：《浙江瑞安、东阳支石墓的调查》，《考古》1995年第7期。
[2] 毛昭晰：《先秦时代中国江南和朝鲜半岛海上交通初探》，《东方博物》第十辑。
[3] 辽宁省文物考古研究所：《辽东半岛石棚》，辽宁科学技术出版社，1994年。
[4] 毛昭晰：《先秦时代中国江南和朝鲜半岛海上交通初探》，《东方博物》第十辑。

式支石墓。韩国在邻近和面向浙江的西南部地区大量存在与浙南石棚墓有许多相似之处的棋盘式支石墓，这无疑是一个值得重视的现象，这一分布现象或许反映了韩国南部的支石墓与浙南石棚墓在形制结构上可能具有直接关系的重要信息，存在浙南石棚墓影响了韩国南部的支石墓或者浙南石棚墓是由韩国南部传入的这两种可能性。因此，根据浙南石棚墓形制主要是接近韩国的所谓南方式支石墓类型，而不是我国东北地区以及朝鲜地区和韩国北部的所谓北方式支石墓类型的客观实际，目前我们至少可以比较明确的作出以下判断：浙南石棚墓不大可能来源于我国东北地区石棚墓，但可能与韩国南部支石墓具有直接的关系。浙南石棚墓与韩国南部支石墓起讫年代的基本相同，则更是增加了这种关系实际存在的可能性。

在基本判定浙南石棚墓与韩国南部支石墓可能具有直接的关系之后，需要进一步确定究竟谁影响了谁、谁传播给谁的问题。从客观情况看，浙南发现的石棚墓数量极少，迄今先后仅发现 58 座，尽管这与考古调查工作开展不足、破坏太多有关，但可能并非是绝对原因，原先实际存在量较少无疑才是主要原因。而分布在韩国南部的支石墓达几万座，数量多得惊人，面向浙江的全罗南道地区有支石墓 2 万多座，为支石墓密集分布区，是韩国支石墓的分布中心，也是世界支石墓分布最密集地区。由此可见，从数量上比较，是浙南石棚墓少，韩国南部的支石墓多，两地石棚墓（支石墓）数量相差悬殊。一般来说，作为一种埋葬习俗或墓葬形制，传播地与被传播地在数量上的关系应该是前者大于后者，如果是相反的情况，就会显得很不合理。如果按常理推测，浙南石棚墓由韩国南部地区传入的可能性，应该比韩国南部地区支石墓由浙南传入的可能性要更大。因此，我们打破海岛上文化一定由大陆传入的习惯思维，大胆地作出这样一个推测：这类用巨石构筑的石棚墓（支石墓），先是从中国东北地区依次传入朝鲜和韩国北部，通过一定的发展和演变，再由韩国南部通过海路传入浙南地区。

当然，就目前资料而言，以上这种可能性还只是一种大胆的推测，尚缺乏足够的考古学依据，现在要断言这种可能性的存在与否显然为时尚早。总之，我们在基本认定浙南石棚墓与韩国南部地区支石墓可能会有直接渊源关系的同时，还需要做更多更细的工作，这其中最为重要的是各地要开展更多的考古调查、发掘与研究工作，通过更多的调查发掘材料，首先建立起本地区石棚墓（支石墓）的编年序列，搞清楚本地区各种类型石棚墓（支石墓）的时代与演变关系，这是开展各地石棚墓（支石墓）相互关系研究的基础和关键。只有在这样的基础上，才有可能进一步探讨各地石棚墓（支石墓）之间是否有形制结构上的影响与传播关系，以及这种影响与传播的具体路径和过程等重要问题，浙南石棚墓的渊源问题才有可能找到一个比较明确的答案。

编 后 记

本报告由浙江省文物考古研究所组织编写。在野外复查和有关资料的收集与核实过程中，得到了瑞安市文物馆、平阳县文物馆、苍南县文物馆、仙居县博物馆和温州市文物保护考古所的大力支持与配合。特别是瑞安市文物馆的领导和不少同志，都为此报告的编写提供了很多帮助，付出了许多时间和辛劳。在此，谨向所有为此工作提供过帮助的领导和同志们表示深深的谢意！

报告的编写工作由陈元甫具体负责完成，报告中的器物图由黎毓馨和陈元甫绘制，遗迹与器物图的清描则由齐东林和程爱兰两位同志完成，出土器物照片由万锡春同志帮助拍摄。中国社会科学院考古研究所李新伟研究员为本书翻译了英文提要。在此向他们表示衷心的感谢！

浙江省文物考古研究所

2013 年 7 月 1 日

Report on the Surveys and Excavations of Stone Shelter Tombs in Southern Zhejiang

(Abstract)

Stone shelter tombs of the Shang to Zhou period have been found both in northeast China and Southern Zhejiang. The shelter usually consists of a huge stone as roof supported by plank or post like stones. Similar characteristic tombs have also been discovered in the Korean Peninsula and Japan.

Stone shelter tombs were contemporary with the earth mound tombs and stone chamber earth mound tombs in Zhejiang area, yet concentrated in the coast area in Southern Zhejiang. They are important for the research on the local societies, economy, culture and especially mortuary practice in Southern Zhejiang. Though relatively small in quantity and worse in preservation, in China, they are the only tombs with stone shelter outside the northeast China. They are also important samples of the stone shelter tomb custom, which widely distributed in Northeast Asia and is significant for the research on world-wide diffusion of Stonehenge cultures and migration of peoples.

Stone shelter tombs were recorded in southern Zhejiang for the first time in 1956. More were found in archaeological surveys in the following decades. In 2008, several tombs were discovered at Yanshdian 岩石殿 in the Ximen 西门 Village, Anzhou 安洲 Community in the west suburb of the Xianju 仙居 County. The latest discovery is the tombs found at Cao'ershan 草儿山 in Tangxia 塘下 Township, Rui'an 瑞安 City in 2012. By present, totally 58 stone shelter tombs have been found at seven locations including Daishishan 岱石山 in Shencheng 莘塍 Township (36 tombs), Qipanshan 棋盘山 in Mayu 马屿 Township (4 tombs), Yangmeishan 杨梅山 (one tomb) and Cao'ershan (3 tombs) in Tangxia Township, all in the Rui'an City, and Longshantou 龙山头 (Jingshan 荆山) in Qiancang 钱仓 Township, Pingyang 平阳 County (2 tombs), Tongqiao 桐桥 in Qianku 钱库 Township, Cangnan 苍南 County (7 tombs), and Yanshidian in Anzhou Community, Xianju County (5 tombs). Yet only the tombs at Daishishan had been excavated in 1993.

This monograph provides a general introduction on the local environment, current situation and structure of these tombs as well as a detailed report on the excavation of the 27 tombs at Daishishan in Rui'an. With archaeological methods, the report discusses the distribution pattern, structure, characteristics and function of these special features with stone shelter, and proves with strong evidence that they are tombs for burying the decease. Based on the artifacts found both in the excavation and field survey, we know that stone shelter tombs in Southern Zhejiang appeared in the Late Shang Dynasty and continued for about 700 years till the Late Spring and Autumn Period. These artifacts show clear local cultural tradition, indicating that the owner of the tombs might be the local OuYue 瓯越 people.

The monograph also gives a comparative research between the stone shelter tombs in Southern Zhejiang with those in Northeast China, Korea Peninsular and Japan, and further discusses on the origin of the Southern Zhejiang stone shelter tombs. Stone shelter tomb had no local tradition in Southern Zhejiang and might had been imported from other areas. Their structure shows a closer relationship with the stone shelter tombs in Southern Korea instead of those in Northeast China. Hence we suggest that stone shelter tomb might had appeared in Northeast China first, diffused to Korea Peninsular later, and then been introduced to Southern Zhejiang from the Southern Korea.

（北—南）

彩版一 瑞安岱石山远景

1. 原始瓷尊　　　　　　　　　　　　　　　　　2. 原始瓷筒腹罐

3. 硬陶筒腹罐　　　　　　　　　　　　　　　　4. 硬陶筒腹罐

彩版二　　1983年瑞安岱石山石棚墓调查采集遗物

（南—北）

彩版三　瑞安棋盘山全景

彩版四　1993年调查瑞安棋盘山石棚墓时合影

彩版五　瑞安棋盘山东山岗石棚墓M1远景

1. 瑞棋M1倒塌前

2. 瑞棋M1倒塌后

彩版六　瑞安棋盘山东山岗石棚墓M1近景

1. 现存瑞棋M1远景

2. 现存瑞棋M1北侧

彩版七　瑞安棋盘山东山岗石棚墓M1保存现状（一）

1. 现存瑞棋M1西侧

2. 现存瑞棋M1西侧

彩版八　瑞安棋盘山东山岗石棚墓M1保存现状（二）

1. 现存瑞棋M1东北侧

2. 现存瑞棋M1东侧

彩版九　瑞安棋盘山东山岗石棚墓M1保存现状（三）

1. 瑞棋M2、M3远视（东北—西南）

2. 瑞棋M2（东南—西北）

彩版一〇　瑞安棋盘山西山岗石棚墓M2、M3

1. 瑞棋M2（东南—西北）

2. 瑞棋M2（东南—西北）

彩版一一　瑞安棋盘山西山岗石棚墓M2（一）

1. 瑞棋M2（东南—西北）

2. 瑞棋M2（东南—西北）

彩版一二　瑞安棋盘山西山岗石棚墓M2（二）

1. 瑞棋M2（北—南）

2. 瑞棋M2（东—西）

彩版一三　瑞安棋盘山西山岗石棚墓M2（三）

1. 瑞棋M2石棚内部北面盖石压着的倒塌支石

2. 1983年瑞安棋盘山石棚墓调查采集印纹硬陶罐

彩版一四　瑞安棋盘山西山岗石棚墓M2及1983年调查采集遗物

1. 瑞安杨梅山远景（南—北）

2. 瑞安杨梅山石棚墓遗迹

彩版一五　瑞安杨梅山远景及石棚墓遗迹

1. 瑞安草儿山远景（南—北）

2. 瑞草M1、M2、M3

彩版一六　瑞安草儿山远景及石棚墓分布

1. 瑞草M1盖石（北—南）

2. 瑞草M1盖石（东—西）

彩版一七　瑞安草儿山石棚墓M1盖石现状

彩版一八　瑞安草儿山石棚墓M1盖石南头外围清理后

彩版一九　瑞安草儿山石棚墓M1南头外围出土陶片

1. 瑞草M2盖石和支石（北—南）

2. 瑞草M2盖石和支石（北—南）

彩版二〇　瑞安草儿山石棚墓M2现状（一）

1. 瑞草M2盖石和支石（南—北）

2. 瑞草M2盖石和支石（东—西）

彩版二一　瑞安草儿山石棚墓M2现状（二）

彩版二二　瑞安草儿山石棚墓M2外围清理出土陶瓷片

1. 瑞草M3与M1关系（南—北）

2. 瑞草M3盖石现状（南—北）

彩版二三　瑞安草儿山石棚墓M3现状（一）

1. 瑞草M3盖石现状和东头暴露的支石（东—西）

2. 瑞草M3东头盖石下暴露的支石（南—北）

彩版二四　瑞安草儿山石棚墓M3现状（二）

1. 平阳龙山头远景（东—西）

M1

M2

2. 平阳龙山头石棚墓分布位置（南—北）

彩版二五　平阳龙山头远景及石棚墓分布

1. 平龙M1（西—东）

2. 平龙M1（北—南）

彩版二六　平阳龙山头石棚墓M1（一）

1. 平龙M1（北—南）

2. 平龙M1（北—南）

彩版二七　平阳龙山头石棚墓M1（二）

1. 平龙M1（北—南）

2. 平龙M1盖石（东—西）

彩版二八　平阳龙山头石棚墓M1（三）

彩版二九　平阳龙山头石棚墓M1出土陶片

1. 平龙M2（东南—西北）

2. 平龙M2（东—西）

彩版三〇　平阳龙山头石棚墓M2

1. 苍南桐桥石棚墓分布环境（南—北）

2. 苍南桐桥石棚墓分布环境（东—西）

彩版三一　苍南桐桥石棚墓分布环境

1. 苍桐M1（南—北）

2. 苍桐M1（南—北）

彩版三二　苍南桐桥石棚墓M1

1. 苍桐M2（南—北）

2. 苍桐M2（西—东）

彩版三三　苍南桐桥石棚墓M2

1. 苍桐M3（南—北）

2. 苍桐M4

彩版三四　苍南桐桥石棚墓M3、M4

1. 苍桐M5

2. 苍桐M6

彩版三五　苍南桐桥石棚墓M5、M6

（东—西）

彩版三六　苍南桐桥石棚墓M7

1. 仙岩M1残存的南北二支石（西—东）

2. 仙岩M1残存的南北二支石（东—西）

彩版三七　仙居岩石殿南处石棚墓M1（一）

1. 仙岩M1北边支石东面

2. 仙岩M1北边支石西面

彩版三八 仙居岩石殿南处石棚墓M1（二）

1. 仙岩M1北边支石北侧

2. 仙岩M1南边支石残存的底部

彩版三九　仙居岩石殿南处石棚墓M1（三）

（南—北）

彩版四〇　仙居岩石殿石棚北处石棚墓分布

1. 仙岩M2（东南—西北）

2. 仙岩M2（西南—东北）

彩版四一　仙居岩石殿石棚北处石棚墓M2（一）

1. 仙岩M2（东南—西北）

2. 仙岩M2（西北—东南）

彩版四二　仙居岩石殿石棚北处石棚墓M2（二）

1. 仙岩M3

2. 仙岩M4

彩版四三　仙居岩石殿石棚北处石棚墓M3、M4

彩版四四　仙居岩石殿石棚北处石棚墓M5

1. 瑞安岱石山石棚墓发掘现场（南—北）

2. 瑞安岱石山西山脊石棚墓发掘现场（西—东）

彩版四五　瑞安岱石山石棚墓发掘现场

彩版四六　省文物局和当地有关领导在瑞安岱石山石棚墓发掘现场

1. M2残留遗迹（南—北）

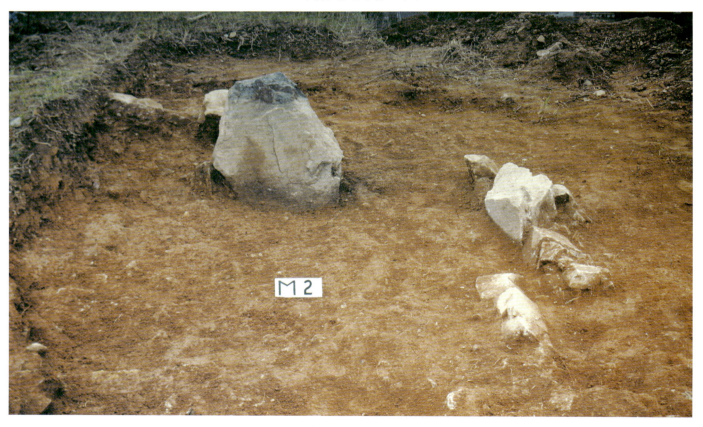

2. M2残留遗迹（北—南）

彩版四七　瑞安岱石山石棚墓M2残留遗迹（一）

（西—东）

彩版四八　瑞安岱石山石棚墓M2残留遗迹（二）

1. M5残留遗迹（北—南）

2. M5残留遗迹（东—西）

彩版四九　瑞安岱石山石棚墓M5残留遗迹

1. M5∶1青铜剑出土情况

2. M5∶7青铜锸出土情况

彩版五〇 瑞安岱石山石棚墓M5遗物出土情况

3. M5：6 硬陶豆

1. M5：4 原始瓷豆

4. M5：1 青铜短剑

2. M5：2 印纹硬陶罐

5. M5：7 青铜锸

彩版五一　瑞安岱石山石棚墓M5出土遗物

彩版五二　瑞安岱石山石棚墓M6扰土层采集的原始瓷罐蚕纹残片

彩版五三　瑞安岱石山石棚墓M8发掘前

1. M10发掘前（南—北）

2. M10发掘后（北—南）

彩版五四　瑞安岱石山石棚墓M10发掘前及发掘后

1. M10发掘后（北—南）

2. M10：采1 青铜矛

彩版五五　瑞安岱石山石棚墓M10发掘后及出土遗物

1. M11发掘前

2. M11发掘后

彩版五六　瑞安岱石山石棚墓M11发掘前及发掘后

1. M13发掘前（南—北）

2. M13发掘后（南—北）

彩版五七　瑞安岱石山石棚墓M13发掘前及发掘后

1. M13：采4 原始瓷豆

2. M13：采3 原始瓷盂

3. M13：采1 泥质陶纺轮

4. M13：采2 石锛

1. M14发掘前

2. M14发掘后

彩版五九　瑞安岱石山石棚墓M14发掘前及发掘后

（北—南）

彩版六〇　瑞安岱石山石棚墓M17发掘后

1. M17：1 原始瓷豆

2. M17：2 原始瓷豆

3. M17：3 原始瓷豆

彩版六一　瑞安岱石山石棚墓M17出土遗物

（南—北）

彩版六二　瑞安岱石山石棚墓M19发掘前

1. M19发掘后（南—北）

2. M19发掘后（东南—西北）

彩版六三　瑞安岱石山石棚墓M19发掘后（一）

1. M19遗物分布（南—北）

2. M19壁外支衬石

彩版六四　瑞安岱石山石棚墓M19发掘后（二）

1. M19北壁外支衬石

2. M19发掘后（南—北）

彩版六五　瑞安岱石山石棚墓M19发掘后（三）

1. M19：2 原始瓷盂

4. M19：9 原始瓷盂

2. M19：8 原始瓷盂

5. M19：1 原始瓷碟

3. M19：15 原始瓷盂

6. M19：16 原始瓷碟

彩版六六　瑞安岱石山石棚墓M19出土遗物（一）

1. M19：4 硬陶豆

4. M19：5 硬陶盂

2. M19：6 硬陶豆

3. M19：3 硬陶罐

5. M19：7 硬陶盂

彩版六七　瑞安岱石山石棚墓M19出土遗物（二）

1. M19：11 石球

2. M19：12 石球

3. M19：13 石球

4. M19：14 石球

5. M19：10 小扁石

彩版六八　瑞安岱石山石棚墓M19出土遗物（三）

1. M20发掘后（南—北）

2. M20西壁外侧

彩版六九　瑞安岱石山石棚墓M20发掘后

1. M20：1 原始瓷豆

2. M20：2 原始瓷豆

3. M20：3 原始瓷盂

彩版七〇　瑞安岱石山石棚墓M20出土遗物

1. M21发掘前

2. M21发掘后（东南—西北）

彩版七一　瑞安岱石山石棚墓M21发掘前及发掘后

1. M21上层遗物

2. M21下层遗物

3. M21上下层遗物叠压

彩版七二　瑞安岱石山石棚墓M21上层及下层遗物

2. M21上：2 原始瓷碟

1. M21上：1 原始瓷豆

3. M21上：3 原始瓷盂

彩版七三　瑞安岱石山石棚墓M21出土遗物（一）

2. M21下：5 原始瓷豆

3. M21下：6 原始瓷豆

1. M21上：4 原始瓷盂

4. M21下：7 原始瓷豆

彩版七四　瑞安岱石山石棚墓M21出土遗物（二）

1. M22发掘前

2. M22发掘后

彩版七五　瑞安岱石山石棚墓M22发掘前及发掘后

（南—北）

彩版七六　瑞安岱石山石棚墓M23发掘前

1. M23残留盖石（东—西）

2. M23残留盖石（南—北）

彩版七七　瑞安岱石山石棚墓M23残留盖石

1. M24发掘前（南—北）

2. M24移去盖石前（南—北）

彩版七八　瑞安岱石山石棚墓M24发掘前及移去盖石前

1. M24移去盖石前（西—东）

2. M24移去盖石前（北—南）

彩版七九　瑞安岱石山石棚墓M24移去盖石前（一）

1. M24移去盖石前（东—西）

2. M24移去盖石

彩版八〇　瑞安岱石山石棚墓M24移去盖石前（二）

1. M24移去盖石

2. M24移去盖石后（西—东）

彩版八一　瑞安岱石山石棚墓M24移去盖石

1. M24清理后（西—东）

2. M24清理后（东—西）

彩版八二　瑞安岱石山石棚墓M24清理后（一）

1. M24清理后（南—北）

2. M24清理后（北—南）

彩版八三　瑞安岱石山石棚墓M24清理后（二）

彩版八四　瑞安岱石山石棚墓M25发掘前

1. M25：采2 原始瓷盉

2. M25：采5 原始瓷罐

3. M25：采4 原始瓷罐

4. M25：采3 硬陶豆

5. M25：采1 硬陶小鼎

6. M25：采6 泥质陶纺轮

7. M25：采7 泥质陶纺轮

彩版八五　瑞安岱石山石棚墓M25出土遗物

1. M27发掘前（西—东）

2. M27发掘后（南—北）

彩版八六　瑞安岱石山石棚墓M27发掘前及发掘后

1. M27发掘后（北—南）

2. M27发掘后（东—西）

彩版八七　瑞安岱石山石棚墓M27发掘后

1. M27东壁支石外侧的护土和支衬石

2. M27西壁支石外侧的护土和支衬石

3. M27内底解剖

彩版八八　瑞安岱石山石棚墓M27护石及支衬石

2. M27：1 原始瓷盂

1. M27扰乱层采集青花瓷香炉

3. M27：3 硬陶豆

4. M27：2 硬陶钵

彩版八九　瑞安岱石山石棚墓M27扰乱层采集遗物及出土遗物

1. M28发掘前（南—北）

2. M28发掘后（南—北）

彩版九〇　瑞安岱石山石棚墓M28发掘前及发掘后

1. M28:1 原始瓷豆

2. M28:2 石棒

彩版九一　瑞安岱石山石棚墓M28出土遗物

1. M29发掘后（东—西）

2. M29：1青铜钁出土状况

彩版九二　瑞安岱石山石棚墓M29发掘后及遗物出土情况

1. M29：1青铜钁 3. M29：3原始瓷豆

2. M29：2原始瓷豆 4. M29：4硬陶盂

彩版九三　瑞安岱石山石棚墓M29出土遗物

1. M30发掘前

2. M30发掘后（东—西）

彩版九四　瑞安岱石山石棚墓M30发掘前及发掘后

1. M30发掘后（西—东）

2. M30发掘后（南—北）

彩版九五　瑞安岱石山石棚墓M30发掘后

1. M30：19青铜小编钟出土状况

2. M30：19青铜小编钟出土状况

彩版九六　瑞安岱石山石棚墓M30遗物出土情况（一）

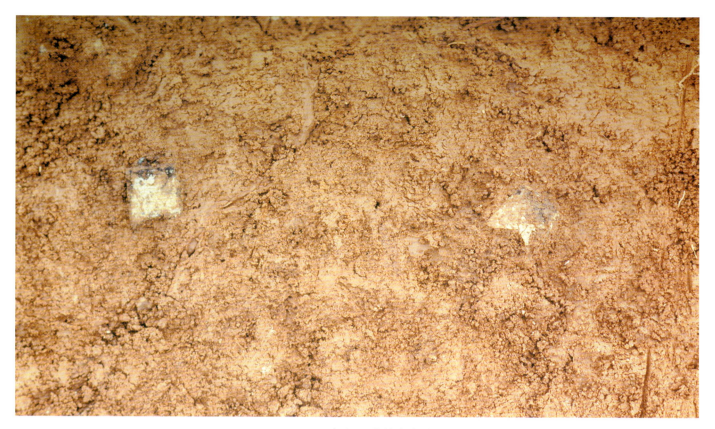

1. M30：19青铜小编钟出土状况

2. M30：1青铜戈出土状况

彩版九七　瑞安岱石山石棚墓M30遗物出土情况（二）

1. M30：14 原始瓷盂   2. M30：13 原始瓷盂

3. M30：15 原始瓷盂   4. M30：17 原始瓷盂

1. M30：7 原始瓷盂

2. M30：12 原始瓷小碗

3. M30：2 原始瓷罐

1. M30：9 原始瓷罐

2. M30：11 硬陶豆

3. M30：4 硬陶豆

4. M30：6 硬陶豆

5. M30：5 硬陶罐

6. M30：10 硬陶鼎

彩版一〇〇　瑞安岱石山石棚墓M30出土遗物（三）

1. M30：8 硬陶簋

3. M30：1 青铜戈

2. M30：16 泥质陶纺轮

4. M30：19 青铜小编钟

彩版一〇一　瑞安岱石山石棚墓M30出土遗物（四）

1. M31发掘后（北—南）

2. M31发掘后（西—东）

彩版一〇二　瑞安岱石山石棚墓M31发掘后

1. M31：1 原始瓷豆

2. M31：2 硬陶盂

彩版一○三 瑞安岱石山石棚墓M31出土遗物

1. M32发掘前

2. M32发掘后（北—南）

彩版一〇四　瑞安岱石山石棚墓M32发掘前及发掘后

1. M32：采1 青铜凿

2. M32：采3青铜镞

彩版一〇五　瑞安岱石山石棚墓M32出土遗物

1. M33发掘后（西—东）

2. M33发掘后（北—南）

彩版一〇六　瑞安岱石山石棚墓M33发掘后（一）

1. M33发掘后（南—北）

2. M33遗物分布（西—东）

彩版一〇七　瑞安岱石山石棚墓M33发掘后（二）

1. M33：1 原始瓷敞口碗

2. M33：3 原始瓷敞口碗

3. M33：2 原始瓷盅式碗

4. M33：5 原始瓷盅式碗

彩版一○八　瑞安岱石山石棚墓M33出土遗物（一）

1. M33：8 原始瓷盅式碗

2. M33：9 原始瓷盅式碗

3. M33：10 原始瓷盅式碗

4. M33：7 原始瓷小鼎

5. M33：6 印纹硬陶罐

6. M33：4 印纹硬陶瓿

彩版一〇九　瑞安岱石山石棚墓M33出土遗物（二）

（东—西）

彩版一一〇　瑞安岱石山石棚墓M34发掘后

1. M34:3 泥质陶纺轮

2. M34:2 卵石

彩版一一一　　瑞安岱石山石棚墓M34出土遗物